U0918371

第三方交易平台的网络借贷模式及其信用机制研究

王珊君　著

中国财经出版传媒集团
中国财政经济出版社

图书在版编目（CIP）数据

第三方交易平台的网络借贷模式及其信用机制研究 / 王珊君著. -- 北京：中国财政经济出版社，2020. 5

ISBN 978 - 7 - 5095 - 9566 - 4

Ⅰ. ①第… Ⅱ. ①王… Ⅲ. ①互联网络－应用－借贷－研究－中国 Ⅳ. ①F832. 4－39

中国版本图书馆 CIP 数据核字（2020）第 020226 号

责任编辑：彭　波　　　　　责任印制：党　辉

封面设计：卜建辰　　　　　责任校对：胡永立

中国财政经济出版社 出版

URL：http：//www. cfeph. cn

E - mail：cfeph @ cfemg. cn

社址：北京市海淀区阜成路甲 28 号　邮政编码：100142

营销中心电话：010 - 88191537

北京财经印刷厂印装　各地新华书店经销

710 × 1000 毫米　16 开　10. 75 印张　140 000 字

2020 年 5 月第 1 版　2020 年 5 月北京第 1 次印刷

定价：68. 00 元

ISBN 978 - 7 - 5095 - 9566 - 4

（图书出现印装问题，本社负责调换）

本社质量投诉电话：010 - 88190744

打击盗版举报热线：010 - 88191661　QQ：2242791300

国家民委经济管理重点开发实验室资助

国家民委创新团队项目“西部特色农产品营销创新团队”

北方民族大学科研启动金项目资助

前　　言

随着互联网金融的蓬勃发展，与之极为相关的信用问题已经成为影响其众多模式运行和发展的重要所在。在传统银企借贷关系中，对于企业的信用评价多依赖于企业财务信息，然而对于小微企业而言，很难向银行提供有效的财务报表及相关企业财务信息，从而造成了小微企业融资难。另外，随着信息技术和企业信息化的不断发展，电子商务企业在网络交易过程中积累了海量的数据，凭借大数据应用，第三方电子商务服务商推出的“网络融资”逐渐被广大小微企业所接受，并为小微企业融资提供了一个新的平台和模式。电子商务市场繁荣发展，大量交易资金和交易信息的积累与沉淀，加速了第三方交易平台除了为企业与消费者提供商品交易与交流等服务外，还进一步拓展了企业与消费者资金融通服务的功能。在国内电子商务迅速发展的情况下，电子商务交易环境的实时与动态，第三方交易平台对非财务信息以及企业经营的动态信息积累，以及平台对企业交易用信用评价体系都为小微企业借助于第三方交易平台实现其网络融资提供了便利条件。

本书的研究力图在学者们对互联网金融模式之基于第三方交易平台的网络借贷模式及其运行机制研究的基础上，通过文献阅读、案例研究、博弈分析与数理建模等方法对其有效运行依存的信用机制进行理论和数理推导研究。

首先，从厘清第三方交易平台的网络借贷运行模式入手；其次，透视典型网络借贷模式的运行机理及其信用机制；最后，以电子商务平台上小微企业的交易记录、社交行为数据以及第三方交易平台的信用评价体系为切入点，对第三方交易平台的网络借贷模式下的企业信用评价机制、声誉机制以及担保机制等进行建模研究，以期通过对小微企业网络借贷模式制度安排进行改进和局部优化来达到提高第三方交易平台的网络借贷在解决网络小微企业融资运行效率之目的。

本书的选题来自国家自然科学基金项目“面向小微企业的电子商务交易平台融资模式与策略研究（编号：71272234）”的部分研究内容。本书的主要工作和创新点有以下几个方面：

（1）第三方交易平台的网络借贷模式分析。对第三方交易平台的网络借贷模式从贷款抵押方式、贷款担保方式以及贷款资金来源三个方面进行了详细分类，并对各种模式的运行机制借助于图形工具进行了理论分析与归纳总结。

（2）第三方交易平台的网络借贷模式的信用机制研究。通过对第三方网络融资的模式和运行机制分析找到其内在运行机理是源于第三方交易平台交易信息以及交易信用的积累。另外，应用数理推导对网络借贷模式的信用机制在防范由于信息不对称引发的道德风险的作用机理进行了理论验证。

（3）第三方交易平台的网络借贷模式信用模型研究。

本部分应用了信息经济学的主要分析方法博弈论，对本书关注的几个研究问题：第一，网络信用评价体系对网络借贷企业声誉的影响问题；第二，“银行”—“电商”在网络借贷合作过程中的道德风险问题；第三，基于在线的供应链贷款模式借助于电商平台的信用信息与反担保机制为小微企业开辟了新的融资渠道；第四，网络联保贷款模式中电商平台的作用机理问题。分别进行相关的博弈分析，以期能为健全和完善第三方交易平台的网络借贷模式理论研究体系提供一些有益的补充。

作者

2019 年 12 月

目　　录

第一章 导 论

第一节　研究背景及研究意义

一、研究背景

我国的小微企业数量多，遍布范围广，在过去的10多年时间里，小微企业在我国国民经济增长中发挥着不可或缺的重要作用。但是，由于规模小、实力弱、财务报表不规范等原因，融资难问题一直困扰着我国小微企业的发展和壮大，而且这一问题呈现出越来越严重的趋势。

随着信息技术和企业信息化的不断发展，电子商务企业在网络交易过程中积累了海量的数据，凭借大数据应用，第三方交易平台为其平台上的小微企业先后推出了不同形式的“基于网络交易信用的网络借贷融资”，基于网络交易的借贷融资为小微企业融资提供了一个新的平台和融资的渠道。2007年7月，中国建设银行、中国工商银行先后与阿里巴巴签署了共同开展网络信用贷款和网络联保贷款的有关协议，开始向无抵押无担保的中小企业进行网络贷款。2010年7月，中国电子商务研究中心发布的《第三方交易机构网络融资服务模式研究报告》中指出，网络融资改变并丰富了传统的融资模式，正成为一股针对中小企业融资的新兴力量。2012年3月29日，银监会发布了《关于深化小微企业金融服务的意见》，《意见》中指出，通过研究发展网络融资服务，引导银行机构创新小微企业的融资方式，拓宽小微企业融资服务渠道。

2013年起，随着余额宝兴起、P2P融资以及众筹的扩张性发展，“网络融资”一词已经完全被“互联网金融”所替代，2013年也被称为“互联网金融”元年。在这一年里，产生于互联网的各种融资模式以势如破竹的方式竞相发展壮大。根据赛博投资理论，互联网金融实际上可以分为“互联网金融”和“金融互联网”两种形式。前者由互联网企业牵头向金融业务领域渗透，后者则由金融机构主导发展网络金融业务。不过不论何种形式，都是传统金融机构与互联网企业互相融合的过程。通过大型交易类电子商务平台，尤其是以网上商城为代表的电子商务发展金融服务，是目前互联网金融较为复杂的模式。因此，本书主要针对第三方交易平台开展的网络借贷模式进行研究讨论，并主要以纯交易性的电子商务平台作为研究对象，而P2P借贷模式是倾向于投资人与借款人之间的中介性的金融服务，在此不做研究。

在小微企业贷款需求旺盛，并且银行由于小微企业的信用风险高而对小微企业放贷审核较为严格的状况下，互联网金融，尤其是贷款规模小、放贷速度快的网络融资模式开始迅速发展。随着互联网金融模式的不断创新，以阿里巴巴为代表的电子商务平台的业务也由单纯的交易网站向多元化和综合化发展，并在其平台上开始开展网络融资业务。随着第三方支付手段的不断丰富，各家银行也开始思索改变传统的融资模式，建立与互联网金融时代更为适应的银行业融资模式。比如，建设银行的“善融商务”，工商银行推出的“易融商城”以及民生银行的“民生电商”等，类似于阿里小贷和京东贷的基于第三方交易平台的网络商城融资借贷模式。在各种互联网金融模式蓬勃发展过程中，基于第三方交易平台的网络借贷模式借助于其庞大的数据基础和快速的信息处理能力，以及及时提供企业的交易记录和信用等级分析等，在各种互联网金融模式中以较好的态势发展壮大。

在众多的小微企业网络融资的方式中，尤其是以国内电子商务平台的龙头企业阿里里巴巴创立的为其电子商务平台上的会员提供融资服务的平台—蚂蚁金服，应用阿里平台上庞大的客户资源、海量的企业交易数据以及阿里云平台高效的数据处理技术，已经成功地打造出国内领先的为小微企业提供融资服务的阿里小贷网络融资模式（张肖飞、郭锦源、张摄，2015）。据中国电子商务研究中心监测数据显示，截至2014年上半年，阿里小贷累计发放贷款突破2000多亿元，服务的小微企业达80余万家。另据南国早报，截至2015年末，工商银行的网络融资规模已超过5000亿元，成为国内最大的网络融资银行。

尽管“网络借贷”这一新型的基于网络交易平台的融资模式在小微企业融资过程中发挥了其平台的技术优势，然而网络融资模式中所存在的虚假交易、系统风险、信用风险以及监管缺失等问题依然不容忽视。其一，网络交易信用量化模型设定问题。电商交易平台建立在大型的计算机设备上，主要是通过对平台上的企业经营过程中产生的海量的大数据信息进行分析，通过建立相应的信用评价模型来对交易进行量化考核，然后再由专业的网络融资机构人员对量化模型进行信贷信用判断（彭博，2015）。在这一量化分析模式中，存在一些潜在的问题。例如，模型中的参数如何设定；另外，量化模式中的指标都是根据企业在交易平台上的历史交易或经营数据分析而得来的，平台数据的真实性以及如何做到对数据的及时更新的，对于大数据交易信用模型来讲都存在着挑战。其二，当网络交易平台既是信用信息评价方又是融资资金的提供方时，第三方交易平台就极易成为信用风险的集中地。电子商务平台对小微企业的交易资金等进行控制并对企业的信用作出评价。当它以其对自身平台上的企业的评价信用为企业提供融资资金时，由于欠缺相应的担保机制，再加上电商平台又不是金融机构，平台上的信用信息不像银行信用那样具有广泛的接受度。这些原因都可能造成平台的在融资过程中产生相应的信用风险，在一定程度上也会制约电商平台发展网络融资服务。其三，国内征信体系不够健全。国内现在主要的征信系统是央行征信系统，但对于企业信用信息，目前也仅供各大银行使用。银行机构与电子商务交易平台的信用信息无法相互对接，更难在此基础上，对相关的信用风险进行评估。其四，互联网金融的发展还处于初始的探索阶段，普惠金融使得“网络融资”这种新型的服务于小微企业的融资模式得到了相当程度上的政策支持。在这种情况下，有些平台借着互联网金融法律体系不够规范，想在短期内在服务于小微企业融资方面获得同各大商业银行一样的地位显然是不可行的。

总之，通过在网络交易平台上创立的各种形式的网络借贷的模式缓解了横跨在小微企业与银行之间由于无抵押、无担保造成的信息不对称问题，也为小微企业融资开拓了新的渠道和新的模式（梁红英，2010）。然而，网络中系统风险、信用风险的防范和监督技术等问题，都是基于第三方交易平台的网络借贷在解决小微企业融资时所存在的困难。

二、研究意义

基于第三方交易平台的网络借贷模式克服了传统的银行贷款模式的一些缺陷，能够使更多的既无抵押也无担保的小微企业通过其在网络平台获得的信用评价和社交行为数据得到贷款。并且，网络借贷模式使贷款过程更加简单方便，在整个融资过程中，降低了贷方和借方的各种成本，有效帮助解决了小微企业的融资难问题。对其运行机理和和取得成功所依赖的信用机制进行理论研究与实证分析有如下的理论和现实意义。

（一）理论意义

基于第三方交易平台的网络借贷模式是由电子商务平台与贷款机构联合为解决中小微企业融资难问题而创新的一种新型的网络融资模式。本论文通过分析小微企业融资现状，借助于网络交易及网络平台的融资优势，旨在通过深入研究网络借贷模式的运行机理，发掘模式所依赖的信用机制中存在的问题，从而建立科学有效的管理思想和方法来指导网络借贷体系中各参与主体在借贷过程中的决策优化，并为基于第三方交易平台的网络借贷模式的进一步发展与完善提供理论支撑。

（二）现实意义

小微企业融资难的最大问题在于：无抵押、无担保。基于第三方交易平台的网络贷款将网上经营行为转化为立足现实的贷款行为，把网上交易记录、社交行为、消费行为等转化为信用记录作为信用担保，解决了小微企业融资中最困难的信用证明缺失环节。虽然，网络借贷在解决小微企业融资问题上取得了一定的成绩，但是这种从“阿里巴巴”走出来的融资模式还未推广到全国乃至世界。第三方交易平台的网络借贷所依赖的信用机制还存在着外生或内生的一些缺陷。那么，如何将银行信贷服务与互联网技术进行有机结合，并将信贷服务深入拓展到电子商务领域，发掘和培育以电子商务平台上的交易信用为基础的第三方交易平台上的融资服务市场，这将对解决长期困扰小微企业融资难问题，有着极为重要的现实意义。

本书旨在通过对基于第三方交易平台的网络借贷模式的运行机制以及信用机制在小微企业融资服务创新上所发挥的作用进行研究，以期进一步推动第三方交易平台的网络融资模式的发展，使越来越多的小微企业能够通过电子商务平台上的网络贷款模式或由其拓展的新型的网络融资模式来解决小微企业的融资问题。另外，也希望通过本研究推动政府制定相关的政策法规来引导和规范网络融资模式的发展与运行。

第二节　研究思路及研究方法

一、研究思路及技术路线图

本书的总体研究思路确定为：本书力图在学者们对互联网金融模式之一基于第三方交易平台的网络借贷模式及其运行机制研究的基础

上，通过文献阅读、案例研究、博弈分析与数理建模等方法对其有效运行依存的信用机制进行理论和实证研究。首先，从厘清基于第三方交易平台的网络借贷运行模式入手；其次，透视典型网络借贷模式的运行机理及其信用机制；最后，以电子商务平台上小微企业的交易记录、社交行为数据以及第三方交易平台的信用评价体系为切入点，对第三方交易平台的网络融资模式下的网络信用评价机制、声誉机制以及信用担保机制等进行建模研究。另外，对于第三方交易平台的网络借贷模式中的特殊模式网络联保贷款做了重点观注性研究，对网络联保贷款的发展策略以及模式的制度安排进行改进和局部优化来达到提高基于第三方交易平台的网络融资在解决网络小微企业融资运行效率之目的。

本书采取的技术路线如图 1 - 1 所示。

二、研究方法

本书结合电子商务、信息经济学以及金融工程理论，运用文献研究、博弈论与数理经济学的方法，采用理论推论、数学建模和博弈分析相结合的研究方法。

（1）文献分析与理论演绎推理。通过对国内外关于小微企业融资难以及基于第三方交易平台网络借贷模式涉及信用机制、声誉机制等相关文献的阅读和梳理，在文献分析过程中通过理论演绎推理，归纳出本论文的理论框架，即信用机制是如何作用于基于第三方交易平台的网络借贷模式中，并在缓解小微企业融资难的相关问题发挥其积极作用。

（2）现代博弈论方法。博弈论是研究行为的决策主体在给定的信息结构以最大化自己的效用为目标进行决策的过程，以及不同行为主体之间的决策的均衡结果的一种经济学研究方法。基于第三方交易平台的网络借贷模式中，小微企业、第三方交易平台和金融机构之间

第三方交易平台的网络借贷模式及其信用机制研究
研究问题
研究内容
研究工具
第一部分　基于第三方交易平台的网络借贷模式分析
早期模式:
2007—2011年
发展模式 :2011-至今
问题1：探寻第三方交易平台的网络借贷模式运行机理
银行—电商→小微企业（或消费者）
信用贷款
电商小贷
银行与电商合作贷款
担保贷款
平台担保贷款
网络联保贷款
在线供应链贷款
电商供应链贷款
银行-电商供应链贷款
文献及案例研究
图形工具分析
第二部分　基于第三方交易平台的网络借贷模式信用机制
问题2：第三方交易平台的网络借贷模式信用机制及其相互关系
信用评价机制
网络信息披露机制
声誉机制
信用机制
网络借贷道德风险
契约理论
交易成本理论
社会资本理论
第三部分　基于信用机制的网络借贷模型研究
问题3：第三方交易平台的网络借贷模式相关模型研究
网络信用贷款
1.基于信用评价机制的网络借贷模型
平台担保贷款
2.基于平台信用担保的网络借贷模型
在线供应链贷款
3.在线供应链贷款的网络联保贷款模型
网络联保贷款
4.基于三方博弈的网络联保贷款模型
5.基于隐性连带责任的网络联贷模型
博弈论
信息经济学

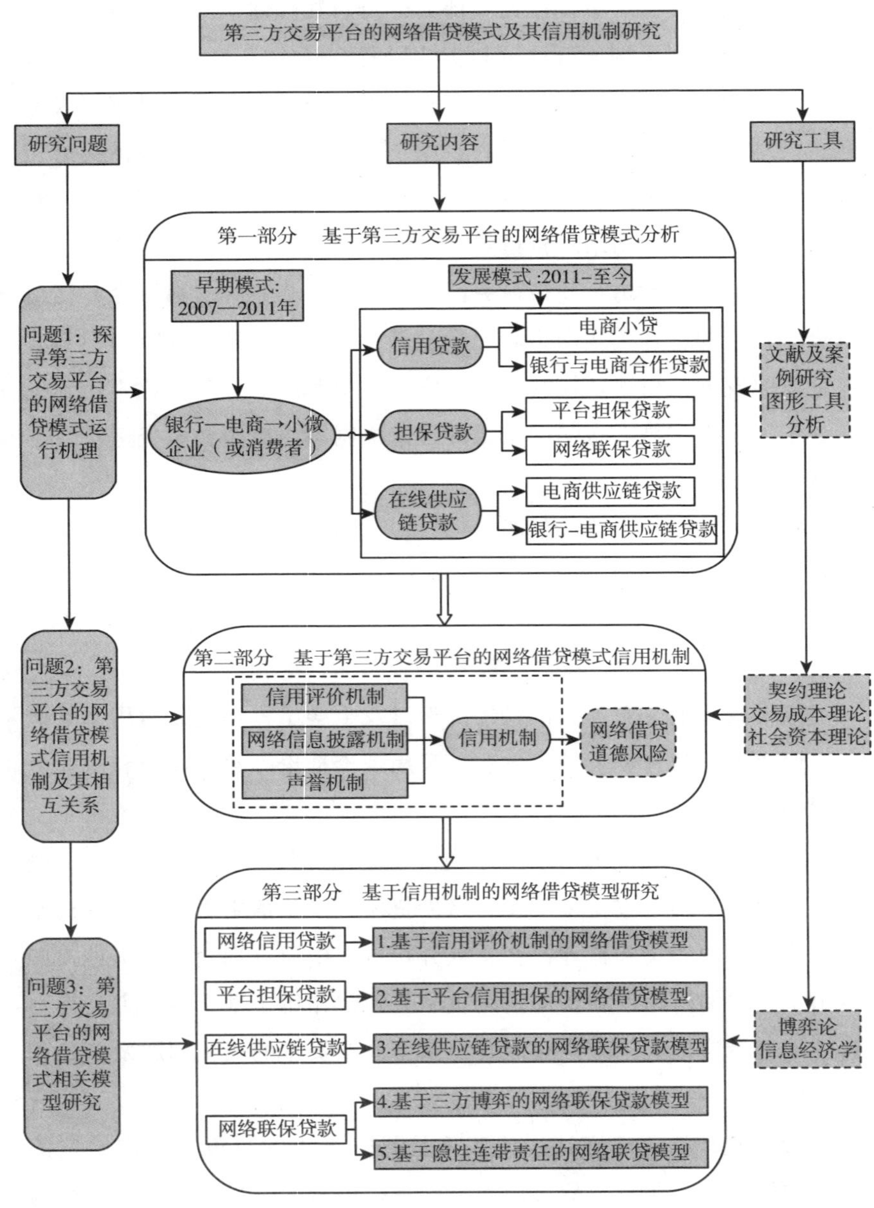

图1-1　技术路线图

形成了多个不同的利益主体，在这种复杂的契约关系中，存在着多方的博弈、内部的博弈和外部的博弈。本书运用现代博弈论方法，找到基于第三方交易平台的网络借贷运行机制中的各个博弈均衡及决策模型并应用模型深入研究网络借贷信用机制的运行机理。

第三节　研究内容及框架

一、研究内容

本书总共七章，各章的主要内容如下：

第一章“导论”。本章主要就本书的选题背景与研究意义、研究思路、研究方法、研究内容和创新点进行简单的陈述。

第二章“相关文献回顾”。本章内容主要针对本书研究的主要问题进行文献归纳、总结和评述。首先对要研究的主体对象小微企业的融资难的原因、融资对策的相关文献进行了梳理、归纳和总结；其次对基于第三方交易平台的网络借贷模式以及论文研究的主题信用机制的相关文献进行深入的整理、归纳、总结和述评；最后对现有研究所使用的相关理论和方法进行介绍，为后续研究提供支撑。通过对以上文献的梳理分析，提出现有研究中存在的问题以及论文研究的方向。

第三章“第三方交易平台网络借贷模式分析”。本章主要内容从分析电子商务交易模式入手、对基于电商交易发展规模应运而生的多种形式的网络借贷模式进行了分类分析。并将基于第三方交易平台的网络借贷模式分为三种形式：网络信用贷款、网络平台担保贷款和在线供应链贷款。然后，从各种模式流程图分析中可知：电商平台中交易信用积累是平台上的企业进行借贷的前提条件，由信用评价体系所作用的信用机制产生的相应问题也是本书的研究重点。

第四章“第三方交易平台网络借贷模式的信用机制”。本章主要对网络借贷模式运行机制分析过程中找到的有效运行所依赖的主要信用机制：（1）信用评价机制；（2）网络信息披露机制；（3）声誉机制以及其他衍生机制之间的相互关系做了定义。另外，通过理论建模分析了信用机制在防范网络借贷道德风险方面的作用机理。

第五章“基于信用机制的网络借贷模型研究”。本章在前文对网络借贷模式及其信用机制理论分析的基础之上，从基于第三方交易平台的网络借贷模式中找到三个主要问题应用博弈论的分析方法进行了深入研究。

第六章“网络联保贷款模型研究”。网络联保贷款是基于第三方交易平台早期一款小微企业比较青睐的网络贷款模式，本部分通过改进其原有的制度安排中的连带责任，通过数理推导和模拟仿真证明在网络空间团体贷款模式仍能发挥其有效作用，其作用机理在于“网络信用评价体系”和“网络信息披露机制”增强了企业在网络团体的社会惩罚力度，放弃连带责任将使网络上联保贷款激励约束达到新的平衡。

第七章“结论与建议”。根据前述理论阐述、数理建模以及博弈分析对全方的研究进行了全面总结，并从基于第三方交易平台网络借贷模式出发，分别从政府的制度创新，贷款机构的业务创新以及信用体系的建设等角度提出针对基于第三方交易平台的网络借贷模式的具体对策建议。

二、本书的框架

本书的研究框架如图 1 –2 所示。

结构安排
主要内容
第一章
研究背景
研究意义
研究思路、内容及研究框架
第二章
网络借贷相关文献回顾
第三章
第三方交易平台的网络借贷模式分析
模式分类分析
模式运行机制分析
第四章
第三方交易平台的网络借贷的信用机制
信用相关理论
信用机制与网络道德风险
信用机制组成
第五章
基于信用机制的网络借贷模型研究
理论分析
模型假设
模型推导
模型结论
第六章
网络联保贷款模型研究
第七章
研究结论、政策建议与展望

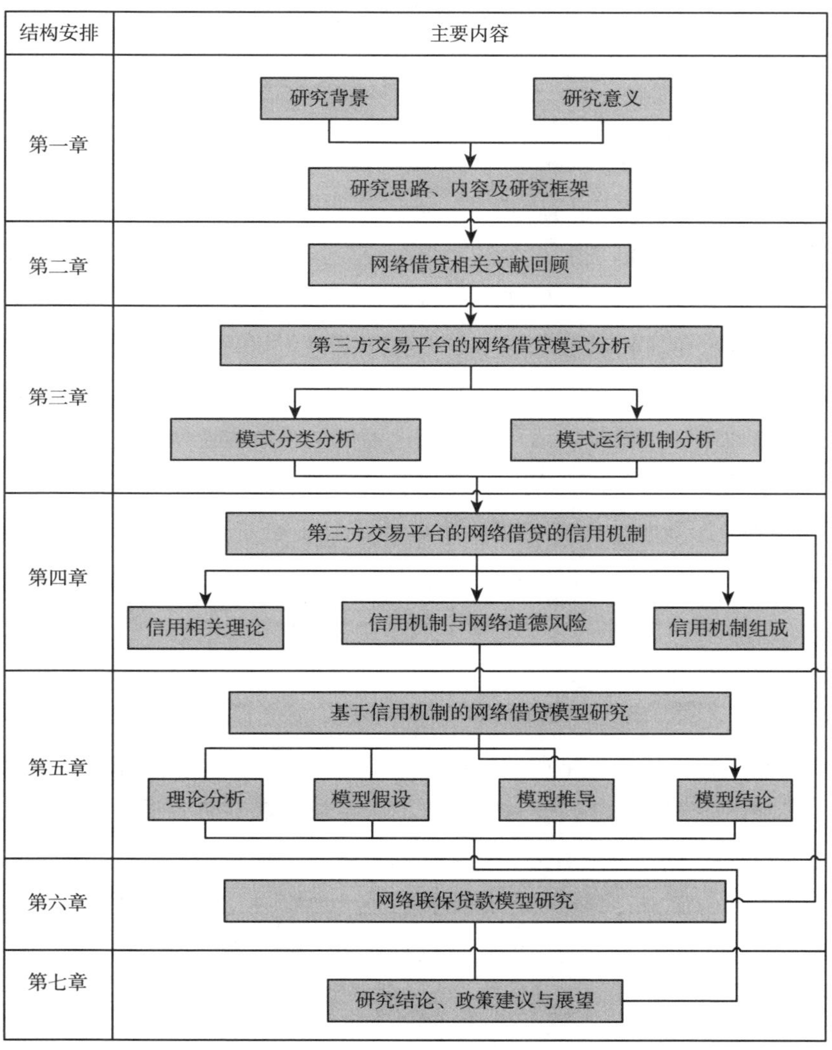

图 1－2　本书的研究框架

第四节 研究特色及创新之处

（1）研究视角的创新。实践证明网络借贷模式已经成为个人和小微企业的重要融资途径之一，并有着广阔的市场发展前景。现有研究重点大都放在P2P网络借贷，而对于本书的研究主题基于第三方交易平台的网络借贷模式的研究相对较少，研究也大都是对模式的可行性以及电商平台的信用评价体系及其指标进行研究。本书则从电商交易模式入手，对目前基于第三方交易平台上的网络借贷模式进行梳理和分类，重点讨论基于第三方交易平台的网络借贷模式的运行机制及其有效运行所依赖的信用机制。这不仅是小微企业网络融资研究的一个新的研究视角，也在一定程度上做到了内容上的研究与创新。

（2）探索性地研究了基于第三方交易平台中的银行与电商的合作关系。通过对电商担保存贷款中银行与电商平台的演化博弈关系分析，得出银行与电商合作过程中的“利益共享，风险分担”是两者良好合作的前提条件。

（3）针对小微企业网络融资模式网络联保贷款模式的聚焦性研究。网络联保贷款是早期较为热门的一款网络融资产品，作者对其由“热”变“温”的趋势极为感兴趣。作为基于第三交易平台上的网络融资模式中的一类，本文对其制度安排做了改进式研究。

本书的研究目的在于不仅能在理论上取得一定的研究成果，更能为小微企业和金融机构的融资现状提供一定的指导与借鉴作用。

第二章 相关文献回顾

由于世界各国的经济布局的特点，小微企业在解决就业方面占据了举足轻重的地位，因此大力扶持小微企业发展，解决小微企业融资难问题受到了各国政府、学者和企业界的广泛关注。但由于企业与银行之间存在信息不对称等因素，引发道德风险、逆向选择等问题，导致小微企业融资困难的问题并未得到很好解决。网络借贷作为互联网金融的一种典型模式，提供了新的融资渠道来解决小微企业融资难问题。但这也引发一些新的问题，其中，借贷双方的信用机制如何建立最为突出，因此，本部分从小微企业融资、网络借贷模式及相应的信用机制三个方面，对国内外文献进行梳理，明确当前研究进展及存在问题，为本书的研究提供理论基础。

第一节　小微企业融资问题研究综述

一、小微企业融资难原因所在

（一）国外文献综述

1931 年，由麦克米伦爵士为首的英国金融产业委员会在《麦克米伦报告》中第一次提出小企业的融资难问题是一个世界性的难题，并将这种现象称为“麦克米伦缺陷”。“麦克米伦缺陷”把企业规模做为影响企业融资形式以及融资可获得性的主要因素。Hodgman（1961）在其文中表明，中小企业较难从银行获得信贷资金支持的主要原因在于，银行通常都是以历史信贷记录信息来考察企业的信用状况的，但是小企业的特点是存活周期短，缺乏信贷记录信息甚至没有，这就使得企业难以从银行机构获得贷款。

Baltensperger（1978）在其文章中给出了信贷配给（credit rationing）的定义，信贷配给主要是即使企业或个体借款方愿意支付借贷合同中的所有条件包括价格条件或者是非价格条件，贷款机构也不能满足其贷款需求的现象。Stiglitz 和 Weiss（1981）纳入了信息不对称对信贷配给出定义并分析，信贷市场上的信息不对称问题是信贷配给存在的根本原因。由于信息不对称问题，银行对难以完全评估借款方的风险类型。用利率机制来缓解信贷配给问题的作用受到极大的约束，贷款利率的高低并不能真正表现出借款者的风险水平，从而导致了不合理的贷款利率的定价，最终使得银行的风险被加剧了。

Berger 和 Udell（1995）提出小企业难以获得外部融资的原因在于企业规模小、财务信息不健全、管理制度不规范，以及其经营状况难以为外界观测。这些因素都增加了企业外部融资的难度。Williams 和 Charles（2003）分析了小微企业的融资模式，结果表明：80%的小企业贷款是通过抵押贷款和信用贷款这两种方式实现其外部融资需求的。De Younga、Glennonb 和 Nigro（2008）小公司的较差的信息透明度把他们排除在了公共资本市场之外。Torre、Pería 和 Schmukler（2010）提到中小企业的融资中的“信息不透明”是阻碍其融资的一个主要因素。Prelipcean、Boscoianu 和 Moisescu（2010）创新型中小企业的特点是灵活性高，高风险性和企业的脆弱性，在这种情况下其融资的可能性也是极其有限的。Janvry、McIntosh 和 Sadoulet（2010）提出信息不对称一直困扰着信贷交易，尤其是对于那些缺乏抵押物和历史信用的贫困的借款人，这使得小企业信贷问题变得更加严重了。Kraemer - Eis 和 Lang（2012）提出，中小企业融资的市场缺陷是由于一个基本的结构性问题，基于需求方（企业家）和供应方（银行）的不确定性和信息不对称。

（二）国内文献综述

张宗新（2000）认为中小企业融资缺口的原因在于，中小企业经营规模较小、企业的“存活性”差、“存活期”短，缺乏可依赖的信用担保机制以及企业融资成本较高等条件约束。中小企业在正式的金融市场上难以获得有效融资。刘颖（2003）从政府治理的角度出发，提出我国中小企业融资难的原因在于政府缺少针对中小企业外部融资的相应政策的扶植和银行业对中小企业较高的准入限制。时旭辉（2004）表明造成民营企业难以获得银行信贷支持的原因是民营企业不规范的组织管理、企业资产规模小、企业缺乏历史信用记录以及银行与民营企业之间的信息不对称。崔云申、刘国明、张静等（2004）在其文中提出银行不愿意为中小企业提供融资服务的主要原因在于银行与中小企业，企业所有者与经营者的利益总是相悖的，很难达到上述两方面之间的相互均衡，从而导致双方在达成合同方面的积极性和主动性降低。应展宇（2004）通过对人民银行关于民营企业的调查结果分析得出，民营企业融资难的主要原因是由于信贷歧视。银行对民营企业的信贷歧视又表现为：由于不能提供有力的担保，从而导致小企业无法从银行获得信贷支持。王菲（2007）提出由于银行在贷款过程中存在“羊群”效应，对风险的规避等行为的存在导致了中小企业在银行机构出现的信贷困境。吕士伟（2009）提出银企之间信息不对称和企业普遍缺乏资产抵押成为中小企业从“大银行”获得贷款的最大障碍。肖兰华、金雪军（2010）文章中提出非对称信息下的逆向选择和抵押品缺失是引致我国中小企业信贷融资难的重要原因。叶斌（2011）通过对国内中小企业信用机制分析得出，在现有的金融体制下，制约中小企业融资难的原因是由于缺乏有效的小企业信用信息传递机制，使得中小企业很难将自己的信用信息发布出去。同时，授信机构也难以获得企业的信用信息，双方的相互作用导致了银行与企业信息不对称的加剧。安彬、何海燕（2012）则在文章中提出，由于小微企业资产方面的约束使得其难以提供充足的抵押，这使得小微企业难以从银行获得足够的抵押贷款，另外，小微企业与银行之间的信息不对称，导致银行在获取小微企业信息方面产生较高的交易成本。鲁政委（2012）在分析究竟什么是小微企业融资难的主要原因时，提出其实制约小微企业融资的最核心因素就是信息不对称。

李毅、向党（2008）认为我国信用担保体系存在缺陷是造成我国小中小企业融资难的一个重要原因。薛钰显、田慧竹（2012）主要是从小额贷款机构为企业提供信用担保的视角出发，提出小额信用担保机构为小微企业提供信用担保面临着较高的市场风险。因为担保机构若遵守政府制度对其低利润、高社会效益的要求，那担保机构的担保资金有可能会面临很大的亏损风险；若是担保机构坚持规避自身的担保风险，就会造成其在企业的担保选择上表现为"好大偏小""嫌贫爱富"的状态，从而导致其在解决小微企业融资难问题上的尴尬。

赵岳、谭之博（2012）表明中小企业信用信息的处理、加工、传播机制不足，尤其是国内信用中介机构不发达，都是千万中小企业融资难的主要原因。吴俊英（2014）通过对企业硬信息—财务状况与企业软信息—企业及企业主的信用状况、企业与客户交易信息的分析得出，小微企业难以提供高质量的硬信息，银行又难以获得其软件信息，导致金融机构为了规避小微企业的融资风险而使其受到信贷约束。

综上所述，国内外大量文献都从各个方面论述了小微企业融资难的主要原因有二：一是银企之间的信息不对称，二是企业信用体系不够健全。银行为了规避风险在融资决策上"嫌贫爱富"，导致真正需要通过融资"脱贫致富"的小微企业被金融机构"排斥了"；而小微企业在竞争剧烈的市场情况下，本着保护其商业信息、商业秘密的原则而增加了其信息的不透明性，这种不透明性使其不能通过正规融资渠道得到有效融资。

二、小微企业融资难的对策研究

近年来，国内外关于中小微企业融资难的对策研究取得了丰硕的成果。

（一）国外文献研究状况

Berger 和 Udell（2002）在其“关系型融资假说”论证了关系型借贷、融资机构与中小企业融资的作用关系。由于关系型借贷涉及的是难以传递和量化的具有人格化特征的软信息，对于大银行而言，在为中小企业融资过程中，调查和取证软信息的成本过高，因而造成了大银行对中小企业融资的信贷约束。如果大银行把其融资的决策权配置给地方分支机构，又可能在机构内部产生委托代理问题，从而导致银行面临逆向选择和道德风险，所以与大银行相比地方性中小型融资机构对于基于关系的贷款有较强的成本优势。Bradford 和 Chen（2004）通过建立理论模型来分析中小企业融资与政府提供融资之间的关联关系，通过模型证实信贷担保融资比通过政府直接贷款不仅更有助于降低企业的贷款风险，而且还能提高贷款效率。Allen（2005）表明，民营经济在中国经济的发展过程中起到了举足轻重的作用，另外，支持民营经济迅速发展资金来源主要是民间的非正规的融资渠道。Le 和 Nguyen（2009）对于小微企业而言，银行贷款是唯一的最重要的外部正规融资渠道，所以小微企业的关键问题是找到一个有效的获得贷款的方式。

（二）国内文献研究状况

樊纲（2000）在文章中表明，由于国内金融服务体系不够健全，缺少能为中小企业提供专门的多层次的融资服务的资本市场，因此导致了中小企业融资难。提出的解决办法就是完善我国金融服务体系，建立专门的资本市场服务于中小民营企业融资。

林毅夫、李永军（2001）提出解决中小企业融资难问题的关键在于发展中小金融机构，促进中小企业融资。他认为中小金融机构的发展是解决中小企业融资的关键所在，能够有效的解决中小企业的融资问题，促进中小企业的发展。

谭文柱、陈光（2003）从分析意大利的小企业联合贷款担保出发，得出小企业所存在的融资困难不在于其规模小，而在于相互孤立缺乏联系，指出建立小企业联合贷款担保是解决小企业融资难的有效途径。石琴（2004）借鉴日德主银行模式，提出在我国构建像日德式的“新型主银行模式”，用以缓解我国中小企业的融资问题。吴义爽（2009）认为中小企业融资难实际上就是银行贷款难，其根源在于银企间信息不对称而产生的逆向选择和道德风险问题。

梁红英（2010）认为网络联保存贷款模式的发展有助于解决小微企业融资难问题，在当前融资紧迫时期，政府和金融机构有责任助力网络联保贷款的发展。冯钧、熊学发、徐佳佳（2010）认为在建立良好的企业网上销售诚信记录基础上，迅速启动网络联保信贷实践，是解决中小企业融资难的一个重要途径。叶斌（2011）在其论文中提出，构建面向中小企业基于网络的 Bank To Business 网络融资模式是缓解小微企业融资难的一剂良方，因为无论从信用信息的发布、识别，风险的监测和信贷的效率等方面与普通信贷融资机构相比，网络融资都具有明显的优势。李志强（2012）提到，与大额贷款相比，小微企业贷款成本要高得多，且风险大。然而，产生这种现象的主要原因在于银行与小微企业之间的信息不对称，通过信息化系统的建设，尤其是信息互联、互通，恰好能解决此类问题。

总之，小微企业融资问题一直是国内外学者持续关注的研究问题。针对小微企业融资问题，学者们从多个角度进行了理论和实证解析。国内外学者认为导致小微企业融资难的主要原因在于：（1）由小微企业自身特点，企业规模小、缺少抵押物以及信用低而造成的信贷歧视。（2）借款人与贷款人之间的信息不对称、以及金融机构规避风险而引发的信贷配给问题、信任问题和道德风险。（3）小微企业自身特点，如：资金周转快、时间短、频率高而引致的金融机构的高的管理成本。

由上述文献整理可知，基于第三方交易平台的网络借贷模式已逐渐被学者们所关注，且成为研究解决小微企业融资难对策的又一新的研究途径。

第二节 网络借贷模式研究综述

网络借贷作为互联网金融创新的一种典型模式逐渐被广泛关注（谢平、邹传伟，2012）。部分学者将网络借贷归入互联网金融创新中，从宏观视角进行研究。如 Tversky 和 Kahneman（1992）认为互联网金融市场存在很强的试探效应，无论是投资人、借款人还是网络借贷平台，都试图在金融创新的驱动下尝试找到一种合适的网络借贷模式。也有学者将类似的观点从微观行为层面进行叙述，如 Routledge（1999）认为，当面对新兴网络借贷模式的出现时，投资方与借款人是需要对彼此进行试探性了解，从而通过这种模式学习到更多的网络投资经验。此外，网络借贷作为一种新兴的融资模式，必然会产生新的法律监管问题，部分学者也从法律监管的角度研究了网络借贷模式的风险源、问题危害与治理问题（马翘楚，2010；仇晓光，2013；陆倩倩，2013；王怡，2015）。

网络借贷模式在我国呈现出多样化的特征，徐细雄、林丁健（2014）将互联网融资模式分为 P2P 网络信贷融资模式、大数据金融融资模式和众筹平台融资模式 3 种主要模式；杨琛珠（2015）从 P2P 网络借贷、众筹、第三方支付三个方面对网络借贷模式进行分类回顾，并提出网络借贷与其他实体经济作用是未来研究的一大趋势；方晓霞（2015）将网络融资模式分为 P2P 网络借贷、第三方支付与电子商务小额贷款；《中国互联网金融发展报告》将网络借贷分为 P2P 网络借贷、众筹与电子商务小额贷款。P2P 作为近两年兴起的网络借贷模式，在解决小微企业融资难方面起到了巨大作用，因此成为了研究热点（黄国平，2014；刘佳，2015）。而基于电子商务平台的小额贷款作为网络贷款中较为成熟的模式，通过第三方交易平台很好地连接了小微企业与银行，相较于 P2P 融资具有更强的针对性，同时具有维系电商和互联网平台客户，保持生态圈的稳定的较强的粘性作用。因此本书将基于第三方交易平台的小额贷款作为论文研究的重点内容之一。

一、基于第三方交易平台小额贷款研究综述

基于第三方交易平台小额贷款中最为典型的是电商小贷，国内有许多学者都通过分析电商小贷模式对第三方交易平台的网络借贷模式做了不同视角的研究。

电商小贷是电商通过自身平台，联合银行或使用自身资产，为平台内小微企业进行融资的互联网融资模式。目前的研究集中在这种模式的发展现状和其与传统银行业的协调关系两个方向。

在电商小贷发展现状方面，有学者从技术手段的作用对电子商务融资进行分析。如 Merton 和 Bodie（1993）认为以信息整合和快速处理能力为基础的网络融资以及以信息分解对风险监管的服务功能等都极大的推动了互联网金融发展空间的拓展；陈勇、刘晓芬（2014）网络技术促进电子商务发展，电商小微企业资金需求催生网络融资，两者相辅相成，共同促进互联网金融发展。部分学者在对具体电商企业进行案例分析的基础上，提出了电子商务小额贷款的优势。秦郎、周敏（2012）认为电子商务融资的主要优势在于：优质客户、网络平台与技术手段；赵岳、谭之博（2012）认为电子商务平台可以通过增加企业的违约成本来充当筛选机制；吴晓灵（2013）从普惠的角度肯定了阿里小贷的作用，提出应为类似的公司提供发展空间；黄海龙（2013）主要从第三方交易平台的角度对互联网金融进行了详细研究，分析了电商金融对金融脱媒的影响，类似的，杨帆等人（2013）的研究也提出互联网金融加剧了金融脱媒；戴东红（2014）

分析了阿里小贷和京东的融资模式，提出电子商务小额借贷具有信息、成本、效率和普惠四大优势；吴俊英（2014）认为网络贷款快速、灵活、高效的特性不仅降低了小微企业的融资成本，而且满足了小微企业融资中“时间短、频率高、审批快”的实际需求，另外，通过第三方交易平台的网络数据库，增强了企业信息的透明度，降低了贷款机构与企业之间的信息不对称，通过建立一定的信息传输机制可将网络信息无障碍传递给贷款机构，从而降低了贷款对小微企业的授信成本。

面对电子商务小额信贷的优势与由此产生的利益，朱樑（2014）认为互联网金融在银行存款、间接融资、交易支付、经营模式和金融脱媒等方面对商业银行产生着影响，因此传统银行业也向着互联网金融方向寻求突破。相关的研究存在两种角度，一种认为传统银行或金融机构应该从自身角度寻求突破，业务由线下向线上渗透，如张彬彬、陈茵（2012）认为银行业务的互联网化可以突破银行与企业间的信用障碍，降低中小企业融资成本，提高贷款的安全性和信贷效率；巴曙松、谌鹏（2012）研究了金融机构与互联网公司业务的融合，认为金融企业应提高自身服务的互联网化；另一种研究重点在于考虑互联网金融背景下，传统银行与电商合作问题，如吴樯、张弘（2011）提出一种新的商业模式——“云仓”模式，这种模式将传统供应链金融服务拓展到第三方交易平台上，既可以通过线上平台提供的交易担保机制实现企业商机的拓展和仓储物流服务，又可以通过平台信用担保得到线下银行的融资支持，通过“云仓”模式，提高了商品的流通效率，有效地解决中小企业所面临的融资瓶颈，同时还降低了融贷款机构的融资风险；李耀华、黄馨（2014）认为阿里小贷在商业模式创新基础上发展起来的针对中小企业的金融服务模式有效地解决了银企信息不对称问题，并且通过网络借贷模式下的多方博弈关系限制了信贷企业由于信息不对称而导致的逆向选择和道德风险行为的发生；王李（2015）比较了传统金融行业与互联网金融行业开展借贷业务的区别，提出银行开展面对小微企业的网上贷款活动需要考虑降低信用成本与管理成本，认为传统银行与电商合作是一条新的途径。

同时研究也表明电子商务小额贷款存在一定的缺陷，如适用有限、信用评价体系不完善、网络自身存在风险（王敏，2012），同时监管空白、资金瓶颈、风险控制等（李瑞冬，2014）问题。针对这些问题，一些学者提出了相应的解决办法。王馨（2014）运用“长尾理论”，提出小额贷款可以基于帕累托分布的“需求曲线”理论，构筑小微企业等“长尾市场”金融运营模式；张连起等（2014）认为第三方交易平台利用其交易平台和社交网络平台获得企业的交易信息和社交信息，这些信息有助于对小微企业的“软信息”进行精确的评价，以担保人的形式对其向银行贷款提供担保，提高小微企业的贷款成功率；晏妮娜、孙宝文（2014）利用博弈论构建了网络联保融资和网络池融资两种模式下的参与方决策模型，认为在网络联保模式下，第三方交易平台应制定合理的网络联保体规模并控制各参与企业的融资额度，以最大程度降低网络联保体的违约风险；在网络池融资模式下，第三方交易平台应通过制定合理的融资利率，吸引小微企业选择网络池融资，从而实现多方共赢。在银行网络融资业务方面，吴晓光（2011）认为政府部门应该继续加大对中小企业的扶持力度，培养信用环境，促进金融行业的健康发展；肖娟（2015）认为移动化、电商化、自金融将成为我国互联网金融的主要发展方向。

从上述研究可以看出，目前关于第三方交易平台的网络借贷模式的研究已经较为丰富，具体包括基本模式，对传统金融的影响，优势与劣势，改进策略等。但对第三方交易平台的网络借贷模式的具体运行机制缺乏机理上的讨论，作为网络借贷模式的重要内容，第三方交易平台是链接银行、小微企业之间实现网络借贷的重要枢纽，也是在线供应链贷款的重要组成部分。下一节将重点梳理在线供应链贷款的相关研究。

二、供应链贷款研究综述

随着电商交易规模的不断扩大，在线的供应链贷款作为第三方交易平台网络借贷模式之一学者们对其也有不同程度的研究。相对电商平台的小额借贷，金融供应链是为了整合上下游企业及金融机构之间的业务而存在的，关注范围为更为宏观，不仅与金融相关，也与供应链管理相伴相生，因此供应链金融研究起步较早。有学者认为，供应链金融研究分为两个阶段（龚坚，2011）。财务供应链的研究是供应链金融研究的前置研究，这一阶段关注先进资本在供应链中的有效使用问题，运用信息技术手段，优化收付流程以减少支付成本。典型的研究有 Guerrisi（2001），他认为目前资金流管理已经落后于物流技术与信息技术，这一点严重制约了电子商务的发展；Richard（2004）探讨了 Stanley 公司在供应链管理中资金运用的成功经验，即通过协调物流与资金流降低经营成本，这个时期还有学者认为应该从支付结算工具数字化的角度来改善供应链中的资金管理，如 Pfohl 等（2003）、Warren（2004）指出随着技术的进步，企业可以选择电子支付清算工具来减少运营成本。

针对供应链金融的基础性研究，Hofmann（2005）提出供应链金融体系中的资金流的跟踪、使用、融通等基本功能，是进行供应链金融研究的基础；Allen N Berger 等人（2006）最早提出了关于中小企业融资的新设想与框架，初步提出了供应链金融的思想；国内学者白马鹏（2008）认为产生与中小企业融资困难、金融机构服务改革及渠道中介企业的蓬勃发展是促成供应链金融形成的重要因素；胡跃飞、黄少卿（2009）则对供应链金融的产生背景，它的创新之处以及供应链金融的概念进行了界定；刘林艳、宋华（2011）提出供应链金融的三个关键构成部分：机构参与者、供应链管理特性、金融功能；陈志新、张忠根（2011）认为需要通过供应链网络关系治理来优化产业金融生态，而供应链网络功能的发挥则是供应链金融授信模式转变的基础；谢世清、何彬（2012）从融资主导、运作优势、信息掌控、适用对象四个方面分析对比了三种供应链金融模式——物流主导模式、企业集团合作模式、银行服务模式，提出了我国更好开展供应链金融业务的若干启示；高俊宏（2015）强调用互联网思维看待供应链金融的应收帐款模式，建议利用社会化平台进行融资。

近年来国内外对于供应链金融的研究，主要集中在宏观环境对供应链金融的影响及供应链金融的风险评估两个方面。首先，在宏观影响方面，TOWER GROUP 分析了全球化、技术进步及利益驱动等因素对供应链金融发展的作用；Aberdeen Group 指出如果经济衰退的预期兑现，将会对供应链金融市场造成不利的冲击。Sadlovska 和 Viktoriya（2006）根据以上研究结论以英国的金融经济为例，对经济衰退对供应链金融影响做了分析。Kerle Phillip（2010）研究表明，当金融危机发生时，更应该为企业提供足够的资金帮助企业渡过难关。其次，在同年，Kerle Phillip 对供应链金融风险问题也做了深入研究，研究认为通过供应链金融有助于企业规避风险并有效降低企业交易成本，同时建议使用这种模式来解决供应商违约风险和信用保险的成本问题，类似的研究还有夏泰凤（2011）；部分学者研究了供应链中的风险评估问题，如胡海青、张琅、张道宏（2012，2013）结合核心企业资金情况和供应链关系提出了中小企业的信用评价体系；范黎波，贾军（2014）等在供应链金融体系中引入神经模糊系统，构建了我国中小企业信用风险评级的神经模糊模型；另一类风险相关的研究集中分析风险的影响因素与控制。田菁、宋玉田（2015）在对线上供应链金融分类的基础上，提出了风险管理的基本思路与相应的对策建议；刘宏、吴屏、朱一鸣（2015）分析了供应链金融中造成风险各因素之间的关系，为商业银行金融风险控制提供理论依据；闫俊红（2007）提出运用信用利差期权的方法转移和管理供应链金融信用风险的方法和原理。

此外，还有部分研究集中在供应链金融的优势，张伟斌、刘可（2012）通过实证研究发现，供应链金融可以缓解中小企业的融资约束；田江、温璐（2015）提出供应链纵向联保模式有利于提高供应链利润，降低银行贷款风险；黄健（2015）认为处在供应链网络中的中小企业拥有更高的信用等级，为中小企业更低的授信成本提供了保障；供应链金融的法律研究，周林彬、龙强、冯曦（2013）提出法律要通过嵌入供应链金融合同的私人治理机制，影响供应链金融的发展；供应链金融的定价模式，徐贤浩、邓晨、彭红（2011）、易雪辉、周宗放（2012）基于报童模型，对在随机需求条件下的供应链金融上游企业定价问题进行了深入研究。

关于供应链金融与电商平台结合的研究即在线供应链金融模式，国内已有学者进行了相关研究。郭菊娥、史金召、王智鑫（2014）认为供应链金融虽然可以提升协同运作水平和服务效率，但针对网商特点和线上化的特点，其风险发生了诸多变化，使得银行面对的整体风险水平不降反升；史金召、郭菊娥、晏文隽（2015）运用委托—代理理论研究了银行与 B2B 平台的激励性契约，揭示了未来大数据时代和数据质押融资背景下，在线供应链金融业务中银行和 B2B 平台二者主导权的演变规律以及当下中国商业银行纷纷自建 B2B 平台的内在缘由，其后续研究给出了供应链金融线上化演进的三条主要路径；李更（2015）则是研究了互联网金融时代下的在线的 B2C 供应链金融模式。

上述研究全面地分析了供应链的形成、几种典型模式、优势、风险；最近几年的研究也逐渐将第三方交易平台与供应链金融相结合，但仍存在几方面不足：其一，供应链金融与第三方交易平台两者的具体关系仍没有深入揭示；其二，作为一种具有多主体的模式，虽有学者提出他的风险更加复杂，却鲜有提出相关的量化及规避机制。

第三节　信用机制研究综述

传统信用机制的研究起步较早，起初主要是针对货币、企业或者商业信用方面。英国经济学家尼古拉·巴尔本在《论货币、信用和利息》中提出："信用是通过评价产生的价值，其像货币一样可以购买货物，且在商业社会中许多商品是以信用形式出售的，以后再收取现金。"研究结果也较为丰富，大致可分为两类，一类是面向借贷模式的中观视角研究，如关系型借贷，民间借贷的信用问题；另一类研究按主体划分，分析不同主体，如企业、银行、农户或小微企业的信用体系构建研究。

在第一类研究中，对民间借贷的信用问题研究的较多。Mark Schreiner（2000）将民间信用定义为非正规金融的形式之一，当借款方在正规的融资体系中无法通过信用资源来获得贷款时，借款人与民间放款人之间签订的一种契约或协议，契约以借款人承诺在未来将以比当前的借款更多的还款资金来兑现其承诺；一些学者从国家或地区的角度研究了民间借贷信用的违约现象，如 Aleem（1990）对巴基斯坦的民间借贷的实际数据进行研究发现，当地的借贷平均违约率仅为1.5%~2%，如此低的违约率的原因在于，由于民间贷款人所具有的信息优势，民间借贷更能得到及时的跟踪和监管。为了进一步证实信贷配给现象的存在，2005 年 Norunn 对尼泊尔地区的民间借贷违约行为做了实地调研；Ranjeet 和 Ranade（2006）对印度农村的民间借贷低违约率现象进行了深度调查，并分析其内在原因在于民间借贷具有的时间和空间优势，与商业银行相比，更容易克服信息不对称。国内学者虞小波（2009）的研究结果与 Aleem 较为相似，他认为民间借贷存在的信息优势在一定程度上保证了民间借贷的低违约率，民间贷款机构比正规金融更容易及时观考察到借款人的婚姻状况、健康状况、其家族在当地的影响力以及借款人的经营以及上述因素的变动情况；王鹏飞（2012）提出了民间信用体系的构建思路应重点从信用的投放、信息的公开与服务和信用风险的监管与控制三个方面构建。除此之外，关系型借贷也是传统信贷模式中的研究重点，如徐晓萍、张顺晨、敬静（2014）通过演化博弈分析，认为关系型借贷在一定程度上解决了信息不对称问题而实现了信贷合约的自我实施，并促使企业向诚信方向演化，从而提高了社会整体信用水平。

第二类研究从更微观的视角研究信用体系中的企业、银行等主体。其中，企业层面的研究包括郁俊莉（2009）认为中小企业融资困难的根源是信用不足，解决该问题的关键是增加其信用资本，并提出了中小企业信用资本形成机制的理论框架：承信—增信平台建设机制、征信—评信系统运行机制、保信—授信确认实施机制、励信—续信可持续发展机制；刘凤委、李琳、薛云奎（2009）研究了信任、交易成本与商业信用的关系，验证了转轨经济环境下信任等非正式制度的重要性；林江鹏、石涛等（2013）认为中小企业普遍存在这样的现象，资金缺乏却又不能对信用对其的影响进行正确认知，企业会内生一些信用因素，例如，企业规模大，企业经营项目稳定以及企业主教育程度较高，这些内生的信用体系因素都使得企业更容易获得贷款；李容成（2011）认为中小企业健全信用机制建立存在评估难、增级难、保护难三大难点；银行层面的研究有Dowla（2006）通过对孟加拉国的格莱珉银行的小额信贷分析得出，在小额贷款中规范化的信贷、信用机制等社会要素起到了至关重要的作用。同时也有针对企业与银行关系的研究，寿志钢、杨立华、霍信昌（2011）认为银行会通过网络的学习机制产生对中小企业的关系信任；李明贤、罗荷花（2013）建立银行与小微企业之间的动态博弈模型，分析信用缺失导致的小微企业融资约束问题以及“银行不放贷，企业不还贷”的恶性循环。提出增强中小企业自身实力，充分发挥中小银行的作用的改进建议。此外，张三峰、卜茂亮、杨德才（2013）研究了农户的信用问题，认为农户的信用评级对农户借贷行为的改变有正向影响。

上述研究多为传统金融行业信贷中的信用问题，与本书相关的网络借贷中的信用问题与传统行业相比存在一些新的特征。赵岳、谭之博（2012）提出，担保机构和电子商务缓解中小企业融资难的作用存在较大差异，由于电子商务平台企业的内生的担保作用，即使没有抵押担保，银行也可以以信用贷款形式向电子商务平台上的企业发放贷款。

目前的研究网络借贷信用问题的文献有相当一部分是基于 P2P 平台模式及实际数据进行的。Hulme 和 Collette（2006）对英国第一家网络借贷平台 Zopa 进行了案例研究，对该平台的借贷的信用机制设计、风险管理与控制问题进行了深入分析，得出结论："社区观念"不仅降低了借贷双方的信息不对称，而且能有效地对风险进行控制管理。类似的研究还有黄国平（2012）、郭忠金、林海霞（2013）、王会娟、廖理（2014）。但是这类研究与本研究所涉及的第三方网络平台的借贷存在一定差距，故不作深入总结。本部分的重点是第三方交易平台的网络借贷中的信用问题，目前这方面的研究仍然遵循了传统信用机制研究的基本思路，研究重点包括网络借贷中的信用机制构建、风险评估等方面。

其中，在信用机制构建方面，叶斌（2011）认为在 B2B 网络融资模式中，中小企业信用数据包建设和网络融资平台搭建是核心，信用甄别评鉴是关键；郭志光（2012）认为电子商务借贷中存在着两类信用机制，一类是自下而上的"自我规制"；一类是"自上而下"的"政府导向"。陈勇、刘晓芬等（2014）认为网络借贷增长依赖电商金融征信体系的健全发展，并建议设立专门的电商征信机构。不少学者认为设立信用评分是网络贷款中信用机制建立的重要环节，鲁瑾（2003）较早地总结了西方几种信用评分的方法；杨居正（2008）利用网络交易的大样本数据，研究了信誉、信息与管制的问题；李浦生（2011）针对网络小微企业设计了贷款信用评价指标体系；孙晓珺

（2012）认为需从公司竞争力、成长性、资金安全性、流动性建立网贷评级指标体系；李蓓蕾（2014）从政府、技术、信用中介三个角度构建了电子商务环境下的信用机制评价体系；朱艳敏（2014）针对需要融资的中小企业建立了信用评分博弈模型，认为信用评分可以降低中小企业的道德风险，提高贷款的可获得性。

在风险评估方面，Lee 和 Turban（2001）通过调查研究发现，企业不通过网络方式进行融资的最主要原因就是信用风险的存在。Li 等人（2010）在其研究中表明，网络借贷与传统借贷模式类似，通过借款人所具有的社会网络可降低贷款违约概率，继而降低贷款风险，社会网络或者说是社会资本减少了借贷中的不利因素，在这一点上，网络借贷与传统借贷是相似的。Rocholl（2010）在其文章中表明，造成网络信用贷款损失率比较高的原因在于，提供网络借贷的平台为了追求高的中介费用，而降低对其平台的贷款风险的有力监管。

总体上看，关于网络借贷信用机制的相关研究还尚显不足，主要原因在于已有研究基本上完全遵循了对传统借贷问题中信用机制的研究范式，没有将网络借贷的特征考虑进去，如网络虚拟性和外部性，使得传统借贷问题中的信用机制中声誉机制在网络信用用评价机制、网络信息披露机制的作用下对网络借贷模式的发展仍然起到非常重要的作用，这将是本书的研究重点之一。

第四节　关键概念辨析

概念识别是研究定位的基础，在互联网金融逐渐兴起的几年时间里，出现了不少新的概念。为了避免概念的混淆与理解的差异，下面针对本书中的几个主要概念进行界定与区分，以便为后续研究奠定基础。

一、电子商务平台与第三方交易平台

（一）电子商务平台

电子商务平台是建立在 Internet 网上进行商务活动的虚拟网络空间和保障商务顺利运营的管理环境。电子商务平台是协调整合信息流、物质流、资金流有序、关联、高效流动的重要场所。电子商务将传统的商务流程电子化、数字化，一方面以电子流代替了实物流，从而大量减少人力、物力，降低了成本；另一方面突破了时间和空间的限制，使得交易活动可以在任何时间、任何地点进行，从而大大提高了商业效率。

随着电子商务规模的不断扩大和迅速增长，电商平台不再是简单为卖家和用户提供交易平台，而是通过使用大数据和云计算等技术手段，向金融、保险、旅游、在线教育等社会多个行业层面拓展，其服务功能更加全面化。基于电子商务平台的网络借贷模式也竞相发展起来，如早期的阿里巴巴与中国建设银行联合推出的针对网商的纯信用贷款和网络联保贷款，到后来的阿里小贷、京东的京保贝等。电子商务平台作为服务于企业的第三方平台不仅为企业提供商业信息服务，随着其平台上的信息数据与资金的沉淀，还为其开展网络借贷提供了便利条件。

（二）第三方交易平台

除了典型的电子商务平台阿里巴巴和京东开展网络借贷，目前还有其他第三方平台也为其平台上的企业提供网络借贷（融资服务），如：网盛生意宝、全球网、融 360 等。以网盛生意宝为例，网站主要为其平台上的企业提供供货和采购信息，类似如此的第三方交易平台，并没有像阿里巴巴等电子商务平台实现资金流、信息流以及商流、物流的全面整合，但是其平台上汇集许多企业，随着企业信息化建设及互联网的发展，这些平台上的小微企业的数据量的增长已经达到了前所未有的速度，而这些信息正是银行或贷款机构所需要的信息。

以银行小微企业和个人信贷为例，小微企业和个人信贷的融资需求通常金额小、笔数多，需要耗费大量的人力和时间完成处理流程，因此，单位处理成本比大中型企业的融资业务高。为降低处理成本，不少商业银行重点在小微企业授信业务的流程处理上，通过建设一套高效的小微企业授信业务系统，支持从申请受理到评估审批再到放款及贷后管理的全流程处理自动化程度的提升。不过这种方式也面临着数据规模、速度和多样性要求的挑战，成本和运营压力很大。现在有许多银行或贷款机构通过第三方平台提供企业数据（如网盛生意宝）或通过第三方智能贷款搜索（如融360）为其提供企业融资信息不失为比较完美的解决方案。通过第三方平台强大的数据的可追踪性和可调查性等特点进行智能分析和匹配，对基于小微企业的最底层的搜索信息和数据进行有效挖掘，不断调整产品排序并反推出企业或个人的贷款意愿，实现对用户搜索请求的智能相应。银行（贷款机构）与第三方平台相互联合就可以针对用户需求设计出更有针对性的产品。

类似于网盛生意宝、敦煌网、全球网等网络交易服务平台和电子商务平台有着形式上的很大的区别，但是，这些企业通过为银行等贷款机构提供企业信息、信用评价等合作，从而实现为其平台上的小微企业或个体户提供网络借贷服务。比如，全球网与多家银行联合推出了多种形式（如电子商务联贷联保、网络信用贷款、在线供应链贷款等）面向小微企业网络贷款。

因此，考虑到研究广度，本书把电子商务平台的范畴进行了延伸与扩大，研究范围确定为“第三方交易平台”。

二、网络借贷与网络融资

借贷在汉语词典中有两种解释，一是通常指向他人借用钱物，或者指簿记或资产表上的借方和贷方；二是将钱物借给他人。融资则是指为支付超过现金的购货款而采取的货币交易手段，或为取得资产而集资所采取的货币手段。

网络借贷指在网上实现借贷，借入者和借出者均可利用这个网络平台，实现借贷的“在线交易”。狭义的网络借贷是指，互联网企业通过其控制的小额贷款公司，利用互联网向客户提供的小额贷款。包括个体网络借贷（即 P2P 网络借贷）和网络小额贷款。广义的网络借贷则是指银行或者贷款机构或贷款平台通过互联网向有资金需求的企业和个人进行借贷活动，整个借贷活动主要是通过线上进行。

第三方交易平台的
网络借贷模式及
其信用机制研究
Chapter 3

第三章 第三方交易平台网络借贷模式分析

随着“互联网+”时代的到来，传统行业与互联网行业相互融合与发展，互联网金融也随之应运而生。自2007年起，银行与第三方交易平台合作开展了多种形式的以信用、担保或者在线的供应链为抵押（或质押）的网络借贷模式。近几年，在银行与电商合作与竞争过程中，原来的银行与第三方交易平台合作的网络借贷又出现了新的模式。在国内制度背景以及用户消费习惯等因素的影响下，由第三方交易平台提供的融资服务在国内的得到了迅速发展，基于网络的借贷模式的快捷和高效，吸引了很多国内的用户，同时也引起了国际学界和业界的关注。

第一节　电子商务平台的网络交易模式

一、电子商务平台基本概念

电子商务平台是传统商贸活动与互联网技术相结合的产物，它是在一个虚拟空间上为企业或个人提供网上交易与交流。企业电子商务平台是在互联网上进行商务活动的虚拟网络空间和保障商务顺利运营的管理环境；电子商务平台作为一个中介产物，它的主要作用就是将对运营在其平台上的企业的信息、资金以及商品的流通等过程进行协调整合，使三大流（信息流、资金流以及物流）能够高效而有效的在线上以及线下进行流动。本论文将对电子商务平台四个主体部分之间的三流（信息流、物流和资金流）的流动过程进行分析（见图3-1），四个主体部分分别为：电商平台、供货商、消费者以及商品物流配送体系。

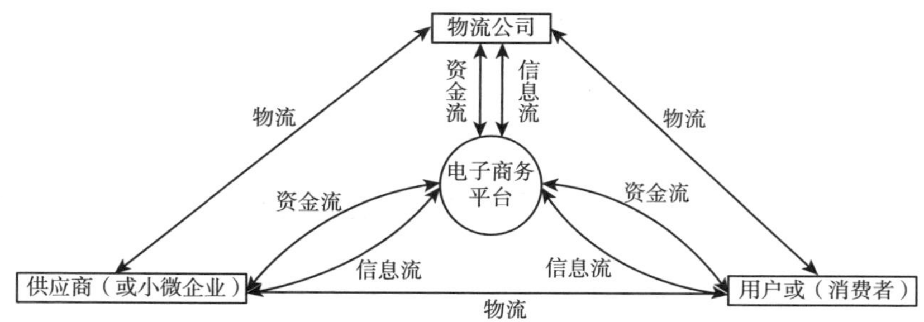

图 3－1　电子商务平台流通图

作为互联网时代的产物电子商务，在互联网技术不断演变快速发展阶段，其已经深入到了整个社会运行体系，并不断改变着传统商贸活动的交易模式以及商品流通方式。由图 3－1 可知，通过互联网技术的支持，电子商务平台已经由过去简单的商贸活动交易场所，演变为连接网上交易活动各个主体参与者以及流通要素的核心，它为主体参与者供应商（小微卖家）、用户（消费者）以及物流公司搭建桥梁，协调各流通要素在互联网上有序高效的流动。通过电子商务平台，用户可以了解商品信息、物流配送情况，供应商（小微卖家）在平台上积累其交易信息及资金状况，电商平台作为核心不仅保障其平台上用户资金的安全性还为网络上交易纠纷提供仲裁服务。电子商务正在改变着企业以及消费者的生产、消费、运营等活动方式，它将对整个社会的经济运行产生深远的影响。

电子商务的商品服务的全面和商品流通的高效促使传统企业加速了电子商务化的进程。在商品流通的过程中，为了节省成本、减少物流以及资金流动的环节，电子商务平台不断更新变革其服务及运行机制，从而导致出现了电子商务交易的多种运营模式。

二、电子商务平台网络交易运营模式

按照目前电子商务平台产品供货商、消费者与电子商务平台之间的供销关系，本书依照国内学者张连起等人对电商平台模式的分类将电子商务平台的经营模式定义为以下三类：电商平台中介模式、电商平台商城模式和电商自营模式（见表3－1）。

表3－1　　　　电子商务平台运营模式

模式类型	模式定义	模式特征	代表企业
电商平台中介模式	平台主要为企业和消费者提供商贸交易等中介服务，物流由第三方提供。	为了获得较高的市场占有率，平台较为注重为企业和消费者提供其需要的相应的增值服务。	阿里巴巴、慧聪网、敦煌网等。
电商平台商城模式	类似传统商场形式，以产品代理商形式出现，能对货物提供保障，平台自建物流，提高用户主要是消费者对平台高速、快捷以及保障的消费体验。	作为产品代理商注重产品品牌与质量，强调高效的供货速度。	京东、当当、苏宁易购、国美电器、唯品会等。
电子商务自营模式	生产商自建网络销售平台，完成自有产品的销售。	将特定商品销售给特定的消费对象，达到生产商降低销售渠道成本的目的。	中国移动、品牌运动商李宁、百丽等。

（一）电商平台中介模式

该模式是指供应商或零售商入驻电子商务平台成为平台上的卖家，电子商务平台主要是为买家和卖家达成交易提供中介服务的公司（见图3－2）；第三方交易平台为卖家和买家提供商务接入的交易平台（如天猫、淘宝等），提供商品的推荐、价格及商品对比、预收货款、对贸易纠纷提供仲裁等服务。该模式最典型的代表就是阿里巴巴，其主要形式为：众多小微卖家或买家聚集到电子商务平台，平台为其提供交易场所，卖家与买家通过平台提供的相应服务功能进行独立交易。为了保障平台上资金的高效、有序、安全的运行，阿里巴巴开发了第三方支付工具支付宝。谢平、邹传伟（2012）提出，阿里巴巴之所以从单纯的商品交易平台将其业务扩展到网络融资，最主要原因在于其拥有的第三方工具支付宝。支付宝是用户和商家之间支付资金的流通通道，为了保障自身的资金安全，阿里巴巴上的用户基本都申请使用支付宝，而且随着网络交易规模扩大，以及支付宝服务范围的扩大，除了为平台上交易提供支付通道外，支付宝还与其他机构进行业务合作，例如：小到手机话费、水电煤气费，大到信用卡还款、转账服务等银行业务。随着支付宝平台业务的不断扩大，其不仅拥有庞大的用户群体，还拥有海量的用户交易数据。除了为用户提供方便的支付服务外，这种支付渠道背后隐藏的具大客户群以及这些客户群在支付方面的数据沉淀，比如：企业交易流水、用户的支付习惯、用户的信用程度等与支付相关的信息等。这些信息都为阿里巴巴进一步开展网络融资服务提供了优厚的条件。

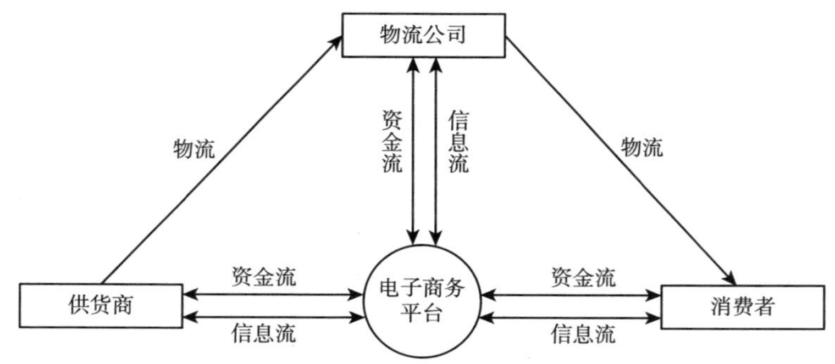

图3-2　电商平台销售模式

（二）电子商务商城模式

该模式是指电子商务平台采购供应商产品，在其平台上进行销售的电子商务交易模式（如京东、唯品会、苏宁易购等）。这种模式下，电商平台承担卖家的角色，通过其平台直接销售产品给最终用户，平台类似于各类商品的代理商，只是这个代理商代理商品种类繁多（见图3-3）；这种模式的典型代表是京东商城。

以京东商城为例，京东在运营的过程中，除了建立自己的网络商品销售平台，还建立自己的物流配送体系京东物流。在营销策略上，京东采用了与阿里巴巴截然不同的方式，在保障商品质量的同时打造自己的物流配送体系，以为消费者提供高效的物流服务作为平台的致胜法宝。这种模式下，电商平台不仅能做到从源头上对商品货物的质量进行控制，还能够提高商品供货速度，从时间、空间以及质量上都抢占了市场先机。供应商和消费者在京东商城积累了大量的供贷信息和消费信息为京东商城带来了巨大的数据优势，凭借订单和京东上交易数据还有物流信息等，供应商可以将这些数据和订单做为凭证进行抵押或抵押贷款。如图 3 –3 所示，电子商务平台掌握了资金流、信息流、物流三流的信息为其提供大数据金融服务创造了先决条件。

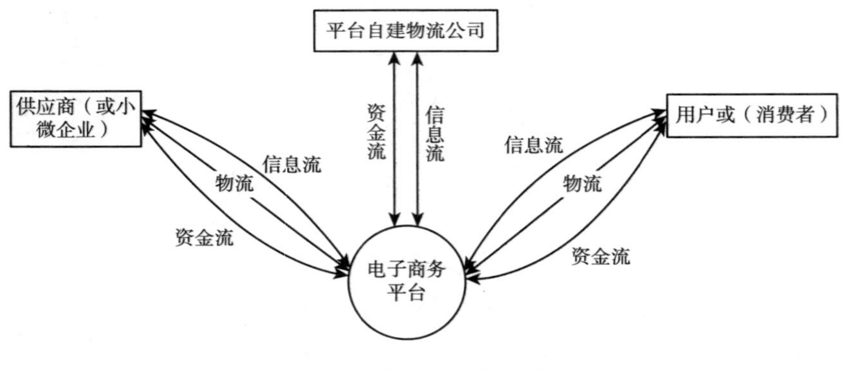

图 3 –3　电子商务商城模式

（三）自营电商模式

第三方交易平台自营模式是指产品供应商自建电子商务平台，直接与用户对接销售产品（见图 3 –4）。该模式主要是指一些相对有经济实力的企业拥有自有产品，自建网络销售平台，通过互联网平台向消费者（或用户）销售其产品，通过自产自销的销售渠道，来降低企业的渠道销售成本。在这种模式下，企业自建电商平台既是供贷商也是商品的卖家。国内一些大的服装鞋帽企业就采用这种自营电商模式，这种模式在电子商务早期为部分品牌企业所应用，随着阿里巴巴、京东商城、苏宁易购等中介或商城电子商务模式的迅猛发展和市场份额的不断扩张，目前还存在此模式的是李宁官网。如图 3－4 所示，企业自建平台，但是受商品品种的限制，只能吸引特定消费者，同时企业还需要借助于第三方物流，从某种程度上来说，并未真正做到企业成本的有效降低，在这种情况下，由于企业受技术服务、互联网发展等因素限制，自营电商这种模式并没有得到长足的发展。

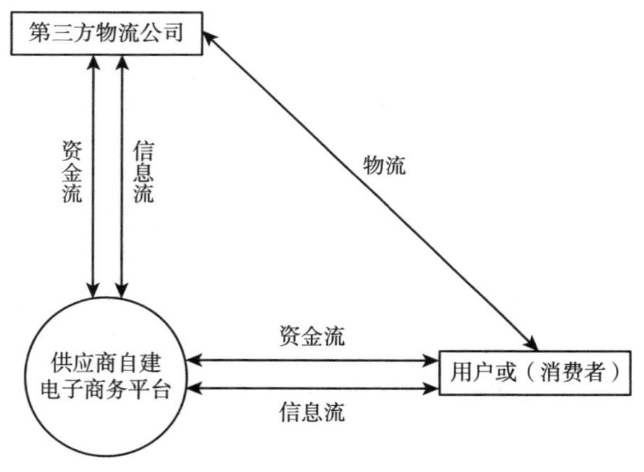

图 3－4　供货商自营电商模式

三、电商平台的发展对网络借贷的影响

电子商务市场繁荣发展，大量交易资金和交易信息的积累与沉淀，加速了第三方交易平台除了为企业与消费者提供商品交易与交流等服务外，进一步拓展企业与消费者资金融通服务的功能。根据中国电子商务研究中心 2015 年最新研究报告中的数据显示，截至 2015 年 6 月，电子商务市场交易额已达 18 万亿元，同比增长了 31.4%。其中，B2B 电子商务交易额达到 11.4 万亿元，同比增长 22%，国内电

商交易市场仍处于稳定增长的发展态势（见图3－5和图3－6）。张连起（2014）指出，随着大数据等互联网新型技术手段的不断涌现，电商平台运营服务也随之发生了变化，电商平台不再是简单为卖家和用户提供交易平台，而是通过使用大数据和云计算等技术手段，开始向金融、保险、旅游等社会多个行业层面拓展，其服务功能更加全面化。

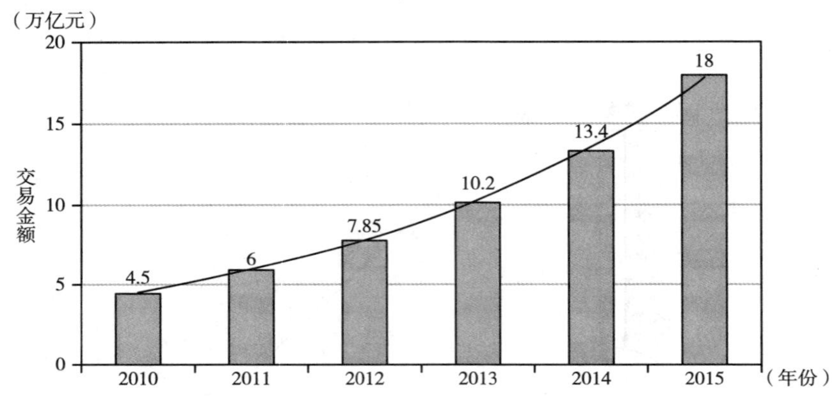

图3－5　2010～2015年中国电子商务市场交易规模

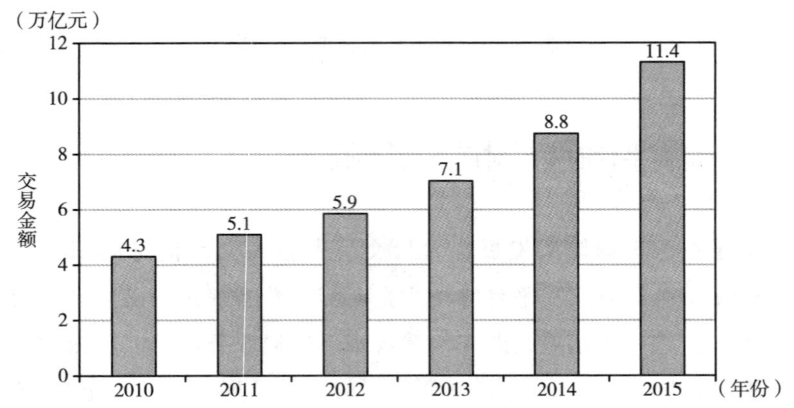

图3－6　2010～2015年中国电商市场B2B交易规模

注：图3－5、图3－6数据来源：中国电子商务研究中心（www.100ec.cn）

2012 年是金融行业与互联网企业尤其是电子商务平台企业相互渗透融合，全面开展网络融资的一年，直至 2013 年被称为互联网元年。这一年，在建行、工行等前期与第三方交易平台的影响下，民生银行、交通银行、招商银行等国内大型商业银行也谋求与第三方交易平台的合作，来加速其互联网进程。与此同时，阿里巴巴、京东等电商企业也利用其平台数据优势开展适于其平台企业的网络借贷业务。在金融行业与第三方交易平台相互竞争合作的新形势下，致力于服务小微企业融资的大量的新的形式的网络融资产品不断涌现。例如：建行的善融贷、信用贷等，全球网电子商务联贷联保、民生的合力贷，阿里小贷、京东京保贝等，大批新形式的投融资产品也在互联网上出现，帮助小微企业拓展融资渠道。

交易类电商规模的不断扩张，其交易资金规模的飞速增长，2012 年初，中国第三方交易平台全年的“网络融资”贷款规模就已经达到了 140 亿元。促使电子商务平台基于以下四个因素来发展网络借贷：（1）小微企业融资难。尤其是网络上小微企业，经营环境的虚拟性加剧了银企之间的信息不对称。（2）电子商务交易规模扩大。交易资金规模不断扩大，使得电商支付平台滞留大量的在途资金，电商后台资金流规模的增大为缺乏资金的网店提供了新的资金融通渠道。（3）电子商务平台服务功能多样性。由原来单一的提供商贸交易向支付、理财、征信等新型资金市场领域发展，为其提供融资甚至设立银行提供充足的条件。（4）电商平台大数据技术和云平台服务。

因此，随着电子商务平台功能的不断增加，产生了与之相适应的多种网络融资模式。在由电商转化来的网络借贷模式中，其先天优势是技术发展已经相当成熟的第三方交易平台和积累几年甚至数十年的客户交易信息数据，其中尤其以数据最为重要，因为对于贷款资格的审核以及贷款金额等，都是建立在对数据进行分析的基础上的，平台上的交易数据和社交数据转化为对企业的信用评价，交易信用转化为银行的借贷信用，对第三方交易平台上的信用机制起到极其重要的作用。

通过对上面三种电商平台运营模式来寻找由电商模式衍生发展起来的基于第三方交易平台的网络借贷模式。首先，来分析企业电商自营模式，这种模式中，企业产品通过自建的网络销售平台直接销售给消费者，并不涉及到中间销售代理即小卖家企业，也就不存在平台为第三方提供相关的服务，这种模式不具备形成网络借贷平台的优势，所以不在本论文的讨论范围之内。论文将在后续章节中对由前两种交易模式衍生发展的基于第三方交易平台的网络借贷模式进行深入研究。

第二节　第三方交易平台的网络借贷模式分析

一、第三方交易平台的网络借贷模式分类

2007～2012年，是第三方交易平台的网络借贷的发展初期。由于电子商务平台是主要以提供网络交易为主，功能相对简单。但是，2013年以来，大数据、云计算等互联网技术的发展，加之政府对小微企业融资难问题的重视，使得第三方交易平台面临的市场以及政策环境都发生了相应的变化。在当前的形势下，电子商务平台开始涉足支付、贷款、理财、保险、银行、征信和众筹等金融领域，这对第三方交易平台服务于小微企业融资的发展带来了更大的挑战。

根据第三方交易平台的交易运营模式与银行借贷业务结合程度的不同，国内学者基于第三方交易平台开展网络借贷模式有多种分类形式。

王赛芳（2012）对基于平台的融资产品从受众群体以及业务办

理等方面进行了两种融资模式定义：（1）封闭型模式。此模式是将银行、电商平台、物流配送平台形成一个整体的系统，银行可以通过电商平台介入企业的商品贸易以及商品的流通中去，相当于银、电、企形成了一个封闭的系统，银行在系统内就能及时获得企业的信息流、资金流以及物流信息，这样一种封闭模式既能提高银行的融资效率也能增强风险防范系统的标准化程度。例如，金银岛的“E单通”、敦煌网的“E宝通”就是典型的封闭式网络融资产品。（2）开放型模式。该模式银行与企业不直接接触，而是由电商平台作为两者之间的桥梁，平台是银行与企业之间的一个媒介，由平台向银行提供企业的商贸信息，为小微企业提供中介融资服务。

黄海龙（2013）将基于电商平台的融资模式分为四种：（1）电商小贷模式；（2）“商行—电商”合作模式；（3）“电商银行”模式。电子商务平台申请获得银行牌照，实现与传统银行同等服务功能；（4）“平台中介模式”。电子商务平台以第三方信用中介方式出现，是银行与企业的信贷中介，电商平台一方面为银行提供企业的信用评级和评价信息，另一方面，又为其平台企业做信贷担保。此种模式类似于民间的担保公司，只是电商平台拥有民间担保公司所无法比拟的数据优势和信息优势。

杨帆、赵迎晨（2015）将基于电商平台的网络借贷模式分为三种形式：（1）电商平台自身开展的网络借贷（如阿里小贷、百度小贷）；（2）银行构建第三方交易平台开展网络借贷（如建行“善融商务”、工行“融E购”）；（3）“商行—电商”合作模式（如京东与建行、工行合作的京保贝）。

借鉴国内学者对于第三方交易平台的网络借贷模式的分类，本章按照贷款的抵押、担保方式和贷款来源机构把基于第三方交易平台的网络借贷模式进行如下的划分（见图3－7）。

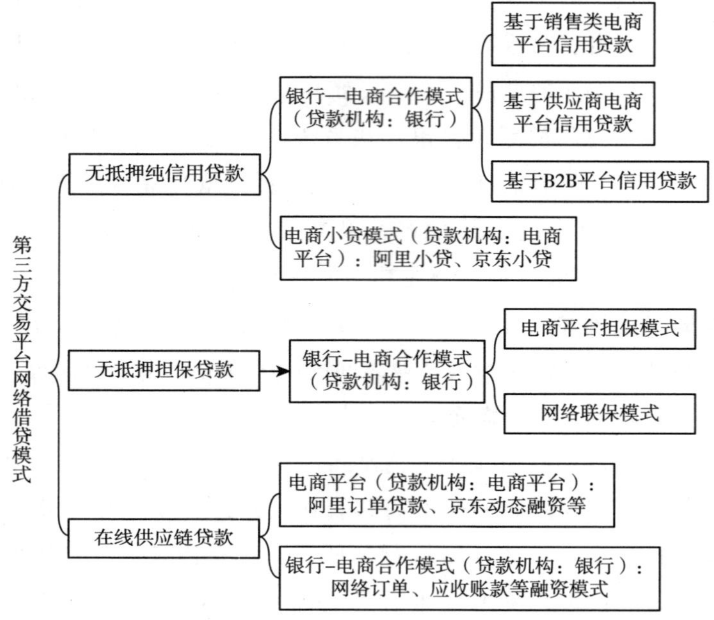

图 3－7　基于第三方网络交易平台的网络借贷模式

二、第三方交易平台网络借贷模式分析

（一）无抵押网络信用贷款

网络信用贷款，是当资金需求方需要贷款时，只需凭借在电商平台上积累的交易信用，无需提供任何抵押，由电商平台出具信用报告，向资金方进行申请，即可根据信用水平获取相应的贷款。根据信用贷款参与对象的不同，将网络信用贷款又细分为如下三种：

1. 基于销售类电商平台的信用贷款

自主经营的 B2C、C2C（典型代表：阿里巴巴天猫、淘宝店铺）是销售平台式电商，电商平台上聚集了丰富的商家的交易信息与其他商家基本信息，平台除了为商家提供交易服务之外，商家可以利用其在平台上积累的信用通过平台向银行申请信用贷款。银行根据电商平台出具的信用评级报告对平台上的网店进行贷款的审批，商家若不能按时偿还借款本息，则由电商平台对违约企业实行“全网信息披露”和“关闭网上店铺”的违约处罚（见图3-8）。

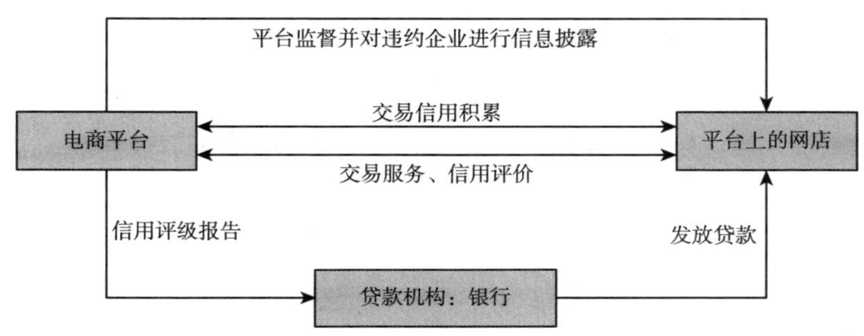

图3-8　“银行—销售式电商”网络信用贷款模式

2. 银行—电商平台供应商信用贷款

B2C电子商务平台从众多供应商那里购入平台所需商品（如京东商城、苏宁易购、顺丰优选、建行善融商务、工行融易购等），然后依托自建电子商务网站直接销售产品。供应商在为平台提供货源的过程中，积累了丰富的交易信息和企业产品信息。此时，供应商就可以凭借其在电商平台上积累的交易信用通过平台去向银行申请贷款，平台为供应商出具对其交易信用的评级报告，银行也是依据平台评级结合银行风险评估方法对企业进行贷款的审批。同样地，对履约企业再次贷款给予利率优惠，对违约企业通过第三方信息披露网站进行“全网企业违约信息披露”（见图3-9）。

3. 基于B2B平台—企业信用贷款

B2B电商平台（如阿里巴巴、网盛生意宝、敦煌网）上的企业，在电商平台上进行产品购销活动。在这个过程中，平台上积累了丰富的企业间的交易信息，企业可以利用其积累的丰富的信用信息通过平台向银行申请信用贷款。同样地，银行根据平台为企业出具的信用报告，对申请进行风险评估，根据评估结果进行决定是否放贷。企业履

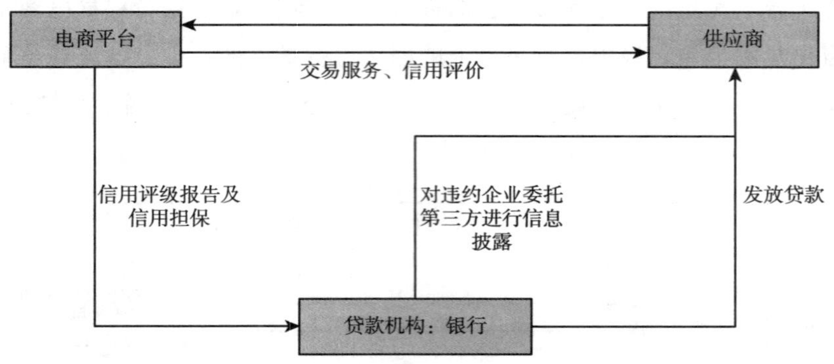

图 3－9 “银行—供应式电商”网络信用贷款

约，平台和银行对会员企业均给予不同形式激励，同时，对于违约企业将面临关闭“网上店铺”和“全网信息披露”的惩罚（见图 3－10）。

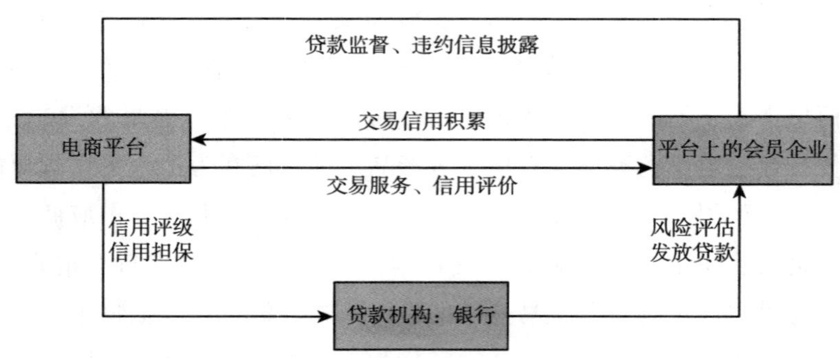

图 3－10 “银行—B2B 电商”网络信用贷款

4. 电商小贷

以阿里小贷为例，阿里平台上的会员企业向阿里小贷公司提出贷款申请，阿里小贷基于平台大数据信息对申请贷款的小微企业进行审核，通过审核结果决定是否向其提供融资，其服务流程如图 3－11 所示。

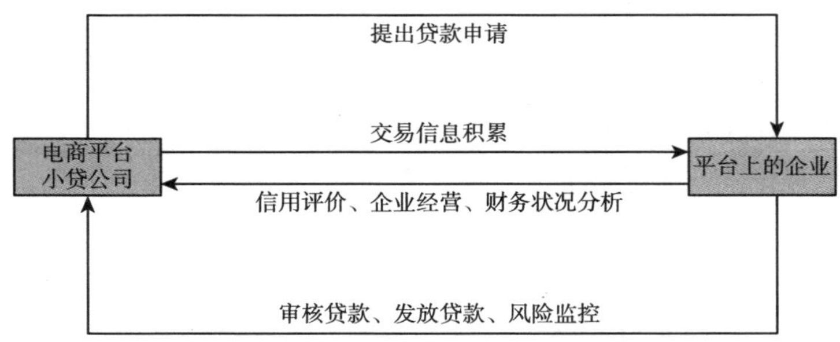

图 3－11　电商小贷信用贷款流程

（二）无抵押担保贷款

1. 电商担保贷款

电子商务平台利用其大数据优势，不仅为其平台上的企业提供信用评级还通过担保的方式为企业在传统银行获得相应的融资服务，其服务流程如图 3－12 所示。网络上的小微企业难以获得传统融资服务的主要原因在于，不能提供可依赖的固定资产做为抵押物，只能靠自有资金经营，这种情况下，企业难以发展壮大。当企业成为电商平台的会员后，可以利用平台为其做信贷担保，这成为网络小微企业融资新渠道，也为电商平台开辟了新的服务空间—向传统担保代理的延伸（沈亚青，2014）。

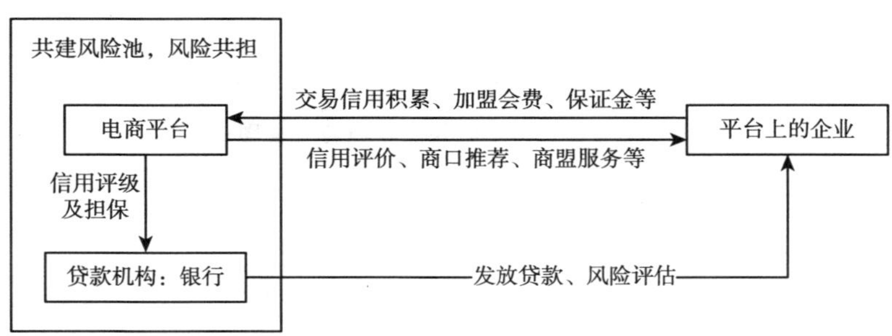

图 3－12　电商平台担保网络贷款流程

2. 网络联保贷款

网络联保贷款是由第三方交易平台上的会员，通过网络交易平台组建成联保体，通常联保体成员为3—5名，通过第三方交易平台共同向银行提交联保贷款申请，第三方交易平台根据企业在其平台上的交易数据、信用记录形成信用报告，提交给银行，然后由银行综合企业的商业信用和银行信用，对贷款进行审批。贷款发放后，企业之间相互监督，风险共担。当联保体中的任意一名成员不按时偿还贷款时，联保体其他成员就必须承担连带责任共同替违约企业偿还其债务，其服务流程如图3－13所示。网络联保这一全新的融资模式是传统联保贷款模式在电子商务平台上的新型应用，因为网络的虚拟性和外部性造成网络联保贷款中组团难问题，从而抑制了该模式的进一步发展。

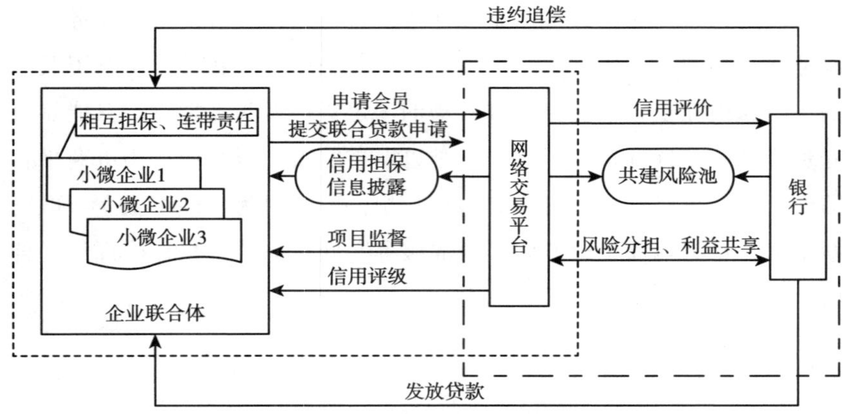

图3－13 网络联保贷款服务流程图

（三）在线供应链贷款

第三方交易平台成本随着互联网金融的兴起和发展，供应链金融线上化的进程急剧加速。在线供应链贷款呈现出两大发展态势：（1）以京东商城为代表，依据背后强大的物流体系自主展开电商在线供应链贷款。(2) 银行借助于电商平台商家聚集优势开展“银行—电商”在线供应链贷款。随着线上供应链金融的发展，出现了各种形式的在线供应链贷款产品。比如，网络卖家订单贷款、网络保理贷款、电子仓单融资、电子订单融资等以供应链为基础的融资服务。

参考国内学者史金召、郭金娥对供应链演进路径研究（史金召、郭金娥，2015）本章主要对以下两种类型的供应链贷款进行讨论（见表3－2)。

表3－2　二类在线供应链贷款模式

类别	参与主体	资金来源	目标客户
电商供应链贷款	电子商务平台	电商平台自建的小贷公司	网络企业及网络消费者
“银行—电商”供应链贷款	银行与电子商务平台	银行	网络企业及网络消费者

资源来源：根据相关文献整理

1. 电商供应链贷款

电商供应链贷款是指已经获得小额贷款服务牌照的电商小贷公司使用自有资金，为其电商平台上的卖家或买家提供的相应的基于供应链的信贷服务。参考和借鉴郭菊娥等人的相关研究，基于电子商务平台网络交易模式的属性及平台上三大主体，供应商、卖家和买家或消费者，将电商供应链贷款划分为基于B2B、B2C、C2C三类电商供应链的订单贷款和应收账款融资服务，在三种交易模式中除了平台特征不同外，在供应链贷款生成过程中，最大的区别在于贷款主体的不同，所以本论文不在对交易平台属性进行划分。在此，通过以借款主体对其在B2C平台下的服务流程归纳如下（见图3－14、图3－15、图3－16)①。

① 图3－14、图3－15、图3－16资料来源于史金召，郭菊娥，互联网视角下的供应链金融模式发展与国内实践研究，2015.07.

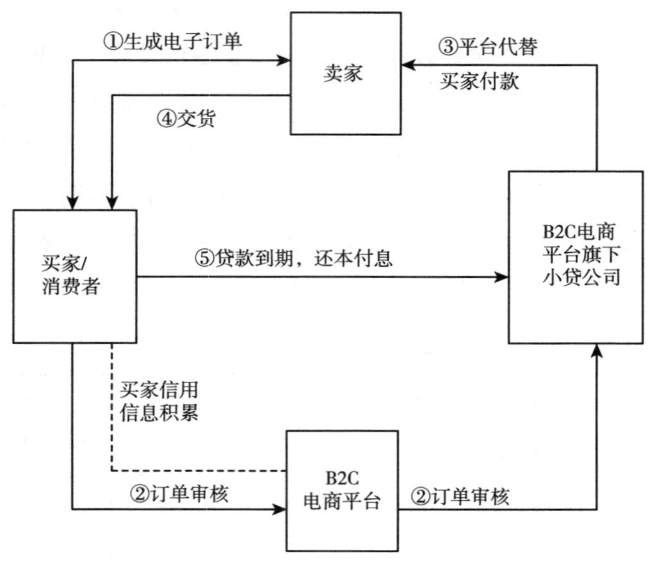

图 3－14　基于电商平台的买家/消费者电子订单融资

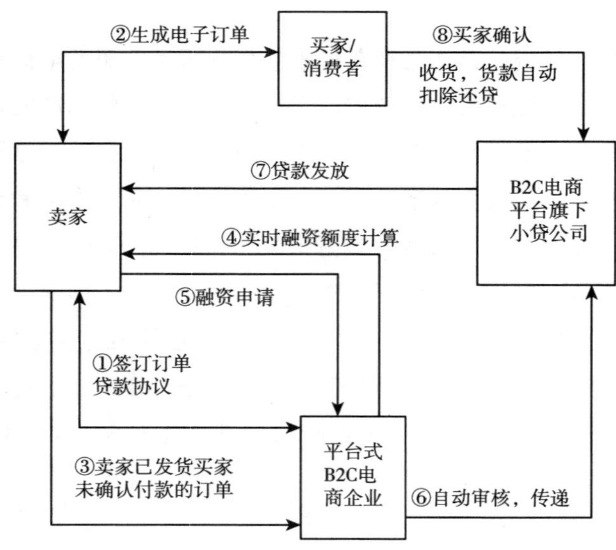

图 3－15　基于电商平台的卖家电子订单融资流程

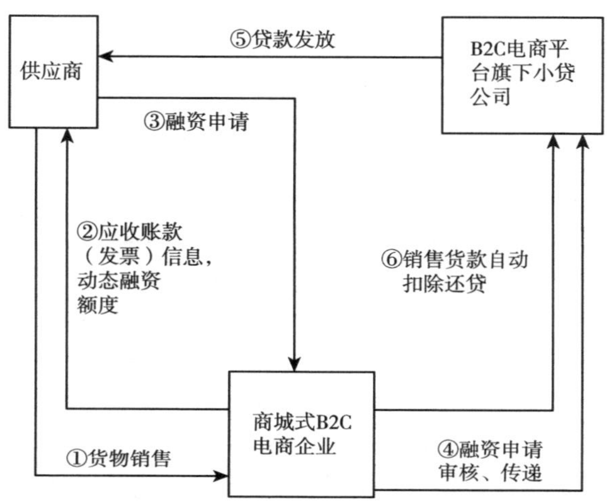

图 3－16　基于电商平台的供应商应收账款融资流程

“基于 C2C 的电商供应链贷款”和“基于 B2C 的电商供应链贷款”都是通过由其所属平台的小贷公司进行融资服务。“基于 B2B 的电商供应链金融”主要融资形式有电子仓单和电子订单贷款，其中，电子订单贷款根据订单方来源不同分为买方贷和卖方贷。这种模式的基于电商平台的供应链贷款与下面的“银行—电商”合作的电子订单融资相似，其主要区别在于资金的来源不同，电商供应链贷款是由平台提供贷款资金，在此处不单独列出，可参考下文。

2. “银行—电商”供应链贷款

随着金融互联网步伐的加快，为了扩大其供应链金融服务的范围，银行与第三方交易平台或自建网上商城，为网络上的卖家或买家提供在线的供应链融资，从而达到为网络小微企业解决融资难题之目的。本书主要讨论基于电子订单融资模式，而这种模式又分为买方融资和卖方融资，整个供应链的融资流程如图 3－17 和图 3－18 所示。

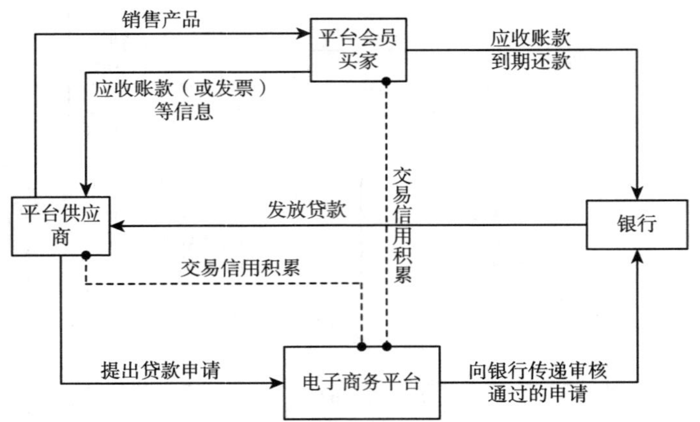

图 3－17 “银行—电商”合作供应商应收账款融资流程

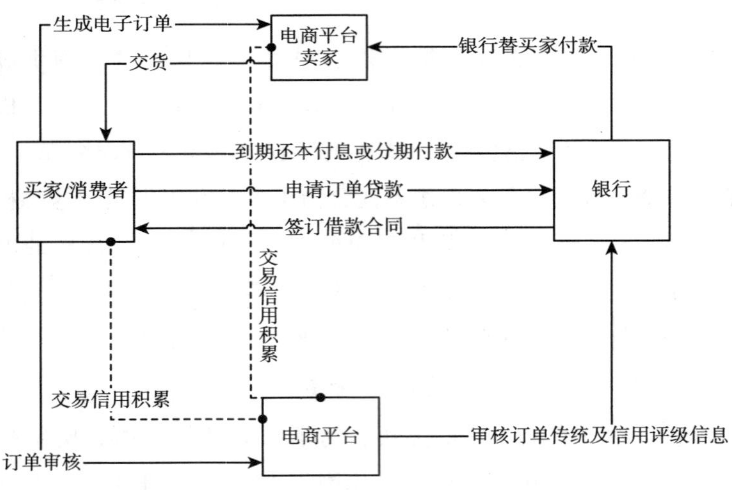

图 3－18 “银行—电商”合作电子订单融资流程

三、第三方交易平台的网络借贷模式存在的问题

无论是银行还是电商平台通过第三方交易平台开展网络借贷，不仅是对传统贷款模式和渠道的拓宽，也进一步推动了金融互联网化。

从上文对网络借贷模式分析可以看出基于第三方交易平台的资金提供方、贷款主体以及平台交易模式的多样性等具有广阔的发展前景，同时也存在一定风险。

1. 网络借贷平台的资信水平明显不足

第三方交易平台资金规模受其平台运营状况所影响，其可提供的网络融资资金量受限。以阿里小贷为例，其小微企业贷款不良率仅为1.2%～1.3%，与国内银行机构的小微企业贷款不良率相比是非常低的。但是，小微企业在第三方交易平台上获得的贷款余额只不过是银行机构同等贷款的零头而已。同时，当平台的贷款规模扩大时，难保其还能保持如此低的贷款不良率。如果网络借贷平台的放贷规模继续扩张，其贷款不良率究竟会上升到何种程度尚难预料。而且，第三方交易平台的风险控制措施与传统银行相比也存在很大的差距。因此，电商必须下大力气提升贷款资产的信用水平。大数据应用可以在这方面发挥积极作用。电商应在自身拥有数据集聚的优势上，寻找和拓展其收集的数据范围，然后充分应用大数据与云计算技术提高平台的数据挖掘水平。另外，对借款方贷款申请条件和资质还是要严加审核，设定安全警戒线。或者向传统融资机构学习，采用一些可利用的抵押方式，来加强基于平台的贷款风险防范。

2. 银行对电商平台交易信用的信任程度不高

与线下商业交易相比较，基于网络的交易由于难以实地实物地进行交易，贸易中存在更多不确定性，信息不对称的程度也越高，从而发生逆向选择和道德风险的可能性也更高。通常，通过制定显性的激励契约是可以防范道德风险的问题，但是，受网络空间的限制，网络上信息的真实有效性难以判断。另外，由于电子商务平台（尤其是C2C）上卖家的信誉主要来自于买家对其的评价，这就容易造成平台商家之间的“信誉炒作”或者是“相互刷积分”等投机行为出现。这使得电子商务交易平台信用评价得出的企业的“交易信用”只有与银行的“银行信用”相结合才能得到有效的信用担保。在网络环境下，仅凭信用担保（信用的建立是需要相当长时间的）并不能满足网络上小微企业的信贷服务需要。另外，网络上的虚假交易或者是虚假信息不容易甄别。因此，银行对第三方交易平台的交易记录可能存在不信任，这使得银行即使拿到了电子商务交易平台的信用评价报告，仍然会做传统的尽职调查工作，以自己的信用评价报告为准，这样一方面增加了银行的运营成本，另一方面损害了电子商务平台建立信用评价体系的积极性。

3. 网络上贷款企业的骗贷（或逃债）事件频发

企业都是网络注册进入平台的，难以像线下的贷款机构一样，对企业进行实地调查取证，如果平台的准入制度不够严格，或者平台的违约惩罚力度不够，加之难以通过网络进行有效的贷中监督时，就有企业会注册虚假信息，实施网络骗贷。另外，以网络联保贷款为例，当联保体中一成员的项目经营失败无法偿还贷款时，在连带责任机制下，其他成员需承担替其还款的义务，但还款义务过高时，可能导致集体逃债事件的发生。目前，基于第三方交易平台采用“全网通辑”的网络信息披露机制来增加了企业的违约成本，但这也需要有相应的平台共同实施全网追逃，然而，网络的广泛性和流动性使得对网络失信者的社会惩罚是困难的，这也增加了平台和贷款机构对违约企业的追偿难度。

第三节　第三方交易平台的网络融资模式运行机制研究

基于对第三方交易平台上的网络借贷模式的分类分析可以得知，从模式运行的机制上看，主要划分为三种融资模式：基于信用的网络贷款、基于担保的网络贷款和基于供应链的网络贷款。为了进一步深入研究网络借贷模式，本节将对网络融资模式的运行机制进行理论分析。

一、第三方交易平台的网络融资机制

“机制”的含义是体系或者过程，其原来被广泛用于工程学和生物学。主要是指机械装置或生物体的各个组成部分运动以及组成部分之间的相互作用而产生的一种总体的特定功能，现在，已经被经济学及其他学科研究广泛借用。梁媛（2013）在提到“融资”则指资金的融通。网络借贷模式融资机制的含义是指小微企业融资过程中融资主体（贷款机构、借款企业、网络交易平台）间的相互关系和调控方式以及融资信息的流通过程。

基于第三方交易平台的网络融资机制构成要素及其各要素之间的关系可以用图 3 - 19 来表示。其中，基于第三方交易平台的网络融资主体包括：小微企业、提供贷款的贷款机构、搭建网络交易平台的商务网站以及政府；融资客体也就是资金，即小微企业要从贷款机构取得的贷款；融资方式即基于第三方网络交易各种与平台和融资机构相适应的网络借贷产品；融资环境由资金融通的内外部环境组成，其外部环境通常是指在融资时面对的经济、政治、法律等环境因素；而内部环境是指（此处以网络借贷主体小微企业为例）企业的自身内生环境状态，比如：小微企业经营项目的风险偏大，对资金需求速度快频率高，财务信息不健全透明度低以及所能信赖资信水平低等。

整个网络融资机制包括融资模式形成机制、运行机制、风险控制机制和环境优化机制等四个部分。有相当一部分学者对于以上机制内容进行了广泛的研究。本书将研究重点放在对基于网络交易平台的网络借贷模式的运行机制上，以期通过对其运行机制研究分析，找到网络借贷模式有效运行所依赖的机制和原理以及机制中所存在的问题。

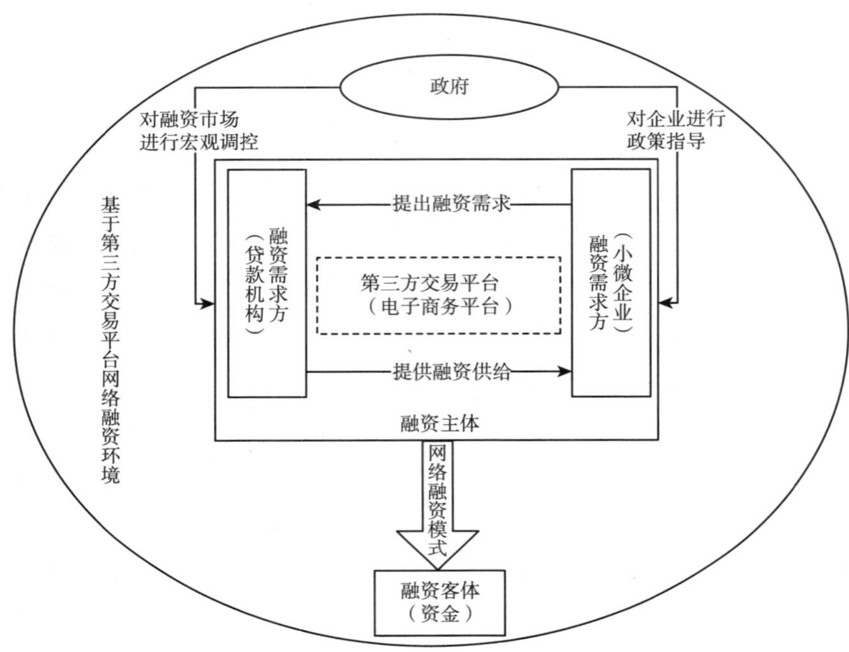

图 3－19 基于第三方交易平台的网络借贷机制构成要素及其关系

二、第三方交易平台的网络借贷的运行机制

第三方交易平台网络借贷运行机制的核心在于其电商平台的信用评价体系、声誉机制和网络信息披露的综合利用。在现实生活中，银行与小微企业的之间的关系体现在社会网络中是一种低频率的弱关系，当缺乏有效的制度安排时，由这种社会网络关系带来的信任不能被银行确认，从而导致了小微企业所拥有的由其社会资本传导的信用（信任）机制不能被正规融资渠道所接受和认可。但是，参与到交易平台网络借贷的企业都是某个电商平台的注册会员，它们之间通常都有或多或少的商业贸易来往，这就无形中在虚拟的网络空间形成了新的特定的网络社会资本。企业在这样一种特殊的社会网络空间上建立

朋友或者合作关系，并遵守其所在平台制定的相关制度和规定，长此以往，平台、与企业之间、企业与企业之间形成了一定的信任关系，网络间的信任成为新形式的社会资本的制度安排，并为形成网络信用资本发挥其效用。

第三方交易平台的网络借贷就是在网络信用资本机制作用下进行具体运行的，由于网络借贷模式的不同，其传输通道和制度安排也不尽相同，本文分别对第三方交易平台的网络信用贷款、网络担保贷款和网络联保贷款以及在线供应链贷款分别进行讨论（见图3－20）。

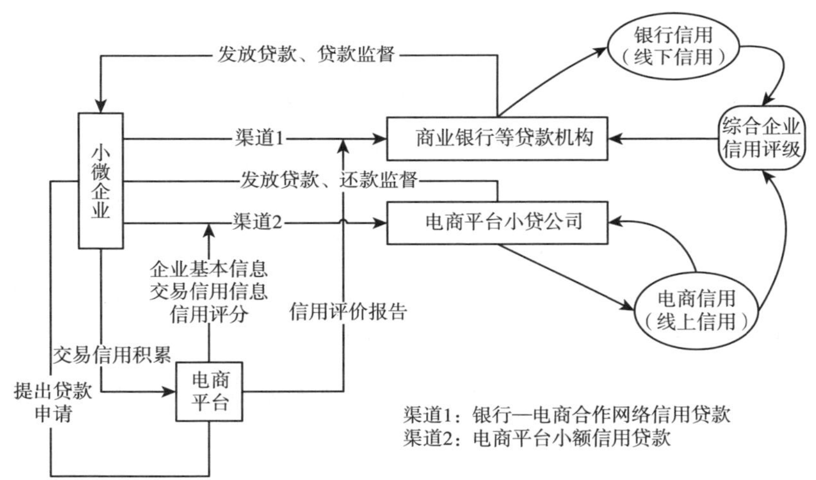

图3－20　基于第三方交易平台的网络信用贷款运行流程图

（一）网络信用贷款的运行机制

对网络信用贷款的运行机制具体分析如下：

渠道1：银行—电商合作的网络信用贷款

（1）贷款申请阶段。第三方交易平台的小微企业通过其平台向与平台合作的商业银行提交贷款申请，第三方交易平台遵照银行的委托，对企业的贷款申请条件进行审查。审查条件：企业工商注册信息、企业会员身份、注册会员年限、经营项目类别、近半年平台交易评价信用信息、企业主在平台上的消费信用积分情况等，形成信用评价报告；银行根据电商平台出具的信用评价报告，结合中国人民银行所记载的企业的征信记录报告，对借款企业做出综合信用评价，然后由银行根据综合信用评价做出贷款决定并通知企业所在电商平台。在信用贷款申请阶段，信用评价机制与信用信息共享机制共同发挥作用。

（2）贷款发放阶段。银行依据对企业做出的信用评价情况，确定贷款额度、贷款利率、贷款周期以及还款方式，并通过电商平台向企业发放信用贷款。

（3）贷后监督阶段。由于企业经营活动是发生在电商平台上，所以在这个阶段依旧是银行与电商平台进行合作阶段，平台对企业贷款项目的交易状态进行动态数据技术监督，向银行反映是否有异常现象发生，而银行则根据企业是否能及时还款对企业可能发生的违约行为进行风险控制。如果企业违约，银行将通过互联网和媒体对企业违约行为进行“全网信息披露”。在这个阶段，启动“网络信息披露”机制并应用声誉机制加强对企业的风险控制。

从“银行—电商”信用贷款的运行机制来看，在整个运行过程中，信用资本作为一种极为重要的社会资本要素在整个运行过程中起着至关重要的作用。而信用信息共享和真实有效的传递也是保障“银—电”信用贷款合作行为成功的有力武器。

由上面的分析可知，保障网络信用贷款运行机制有效性的三个主要信用机制是：信用评价机制、信用信息共享机制和网络信息披露机制。综上本文提出如下假设：

假设1：银行与电商平台在合作过程中，履行其合作约定，是第三方交易平台的网络信用贷款得以运行的基本前提；若电商平台在合作过程中未能向银行反映企业真实信用评价信息，将会导致贷款风险增加。

假设2：信用做为一种资本，有其相应的价值。在信用共享过程中，如果电商平台不能从银行获得预期的信用资本值，将会导致平台对信用信息共享概率降低，从而增加贷款风险。

渠道 2：电商小贷信用贷款（以阿里小贷为例）

（1）贷款申请阶段。由小微企业向电商平台上的小贷公司提出贷款申请，小贷公司通过多种合理的方式考察小微企业的财务和经营状况来确定该企业的还贷能力，这些方式包括：引入网络大数据模型对企业或企业主的交易行为和社交数据进行建模、在线视频资信调查、信息这个阶段类似于传统借贷过程中的贷款审查阶段。

（2）贷款审查发放阶段。电商小贷公司在根据审查情况，按照第三方交易平台的审查结果确定贷款金额、贷款利率后向获准小微企业发放贷款，这与传统借贷过程的贷款发放阶段相一致。

（3）贷后监督阶段。发放贷款后，小贷公司对企业贷款项目实施线上跟踪。由于小微企业的运营活动都在电子商务平台进行，电商平台掌握着小微企业的商贸交易往来信息，还有消费者给出的相应的评价信息。通过平台的大数据与云计算技术，平台将以上信息建立信用评价模型，来控制和防范借款方的贷款风险。电商小贷不需要任何抵押，准入门槛低；另外平台采取按日计息，随时还贷，满足了小微企业资金周转快、使用灵活度高等特点，从而为众多平台上的小微企业所亲睐。另外，阿里巴巴还拥有一大法宝支付宝，通过对支付宝结算端的数据控制，阿里巴巴可以获得供货商和买家支付的所有数据，通过对交易数据的建模分析可以深入了解企业或消费者的信用状况，缓解了传统银行机构或小贷公司在借贷过程中的信息不对称问题。从而保障了阿里小贷公司的小微企业贷款的安全性，降低了贷款风险。

电商小贷模式属于平台自营式贷款模式，因为不存在合作委托代理关系，其运行模式的风险性较低，在本书中不做重点讨论。

（二）网络担保贷款的运行机制

基于第三方交易平台的网络担保贷款主要有两种形式，这两种形式分别来源于传统贷款模式：担保公司贷款和农户联保贷款。其运行机制也类似于这两种传统贷款模式。

1. 基于电商平台担保贷款

这种模式运行过程中用电商平台代替了传统的小额担保公司或者信用担保中心。当然由平台为企业做担保最大的优势在于，应用平台的大数据技术获得企业的交易数据与信用信息，对企业经营状况（前提是企业没有虚假经营）给出准确及时的判断，从而降低了贷款风险和传统担保公司在对企业进行尽职调查所耗费的交易成本（见图3－21）。

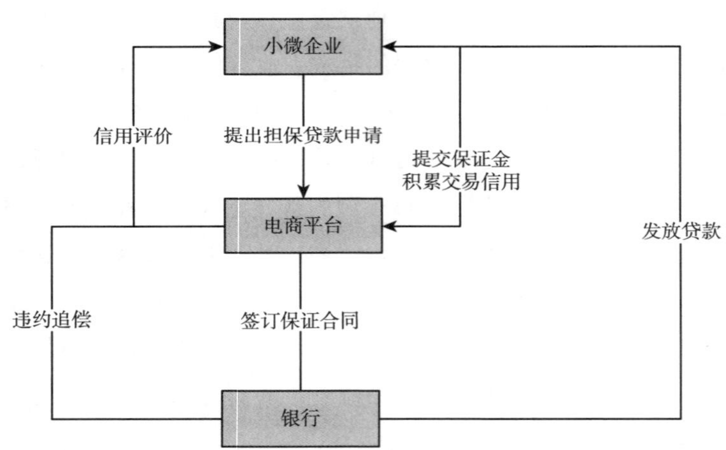

图3－21　基于电商平台网络担保贷款运行流程

2. 基于第三方交易平台网络联保贷款

网络联保贷款是由第三方交易平台上的会员，通过网络交易平台组建成联保体，通常联保体成员为3～5名，通过第三方交易平台向银行提交联保贷款申请，第三方交易平台根据企业在其平台上的交易数据、信用记录形成信用报告，提交给银行，然后由银行综合企业的商业信用和银行信用，对贷款进行审批，贷款发放后，企业之间相互监督。其运行机制如图3－22所示。

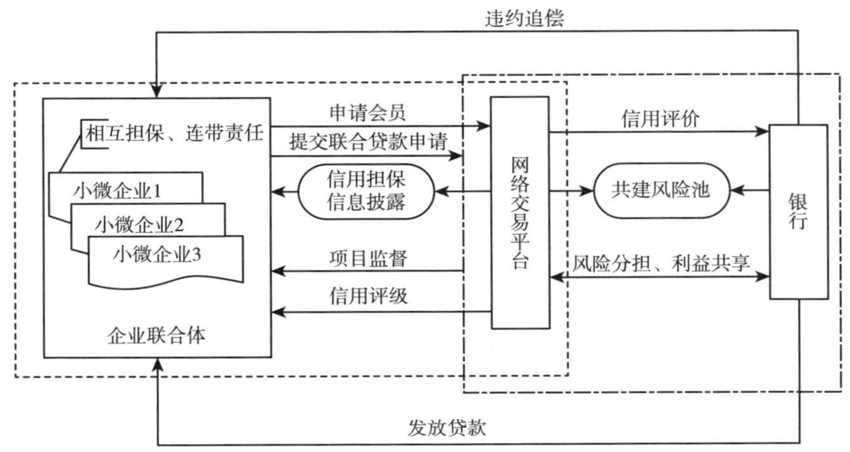

图 3－22　网络联保贷款的运行流程

网络联保贷款整个运行机制如下：

(1) 贷款申请阶段：电商平台上的会员自己或者通过平台上推荐系统选择联合贷款成员，协商各自的贷款额度，并签订互相担保。一旦有企业项目失败而违约，其他联保体成员代为偿还债务的连带责任，然后企业联合体所在平台提交联保贷款申请。在贷款申请阶段，形成了共同担保、连带责任机制。

(2) 贷款发放阶段。电商平台对提出贷款申请的联保体根据他们在平台上的经营状况和交易信用信息作出信用评级并向提供网络联保贷款银行提交信用评价报告。并与贷款银行达成为其平台上的联保体提供信用担保以及与银行共担贷款风险的承诺。银行根据平台的信用评价报告以及信用担保承诺，做出发放贷款的决定。在此阶段，电商平台信用评价机制、信用信息共享机制发挥作用。

(3) 贷后监督阶段。联保体是运行在电商平台上的企业，当联保体集体违约时，电商平台除了对企业进行关闭平台店铺的处罚外，还对企业违约信息进行全网披露。在此阶段，启动“网络信息披露机制”，对企业进行封杀。

由以上分析可知，保障网络担保贷款，尤其是网络担保贷款运行机制有效性的几个主要信用机制是：信用评价机制、银—电风险分担机制和网络信息披露机制、连带责任机制以及在“银电—企业”贷款的重复博弈所引发的声誉机制。综上本书提出如下假设：

假设3：联保存贷款的连带责任机制目的是通过企业间承担连带责任而增加企业间的横向监督。由于网络的虚拟性和外部性。使得这种从传统农户联保贷款模仿而来的网络联保贷款在网络上实现横向监督变得困难。另外，通常企业（或个人）是不愿意为他人代偿债务的，连带责任机制加剧了网络联保贷款的逆向选择。

假设4：当企业违约后，由电商平台和银行联合启动网上追债——“网上信息披露”。企业一旦违约，进行全网信息披露，就会影响到企业的声誉，对企业还款行为起到激励约束作用。“网上信息披露机制”是对传统贷款中经常应用的声誉机制的有益补充。

（三）在线供应链贷款运行机制

在上一节中，对在线供应链贷款模式进行了分类分析。供应链金融一直是学界研究的热点，随着互联网金融的发展，在供应链金融2.0与电商交易模式相结合的基础上发展出多种形式的在线供应链贷款融资模式。

在线供应链贷款无论是电子订单融资模式、应收账款融资模式还是仓单质押模式都是通过其在平台上的交易行为、交易数据和交易信用向贷款机构（电商小贷公司或商业银行）提出贷款申请，在由电商小贷公司或者“银—电”贷款系统对应其相应的融资模式进行信用评价、风险评估或提供担保。最后，贷款机构发放贷款（模式综合运行机制如图3－23所示）。

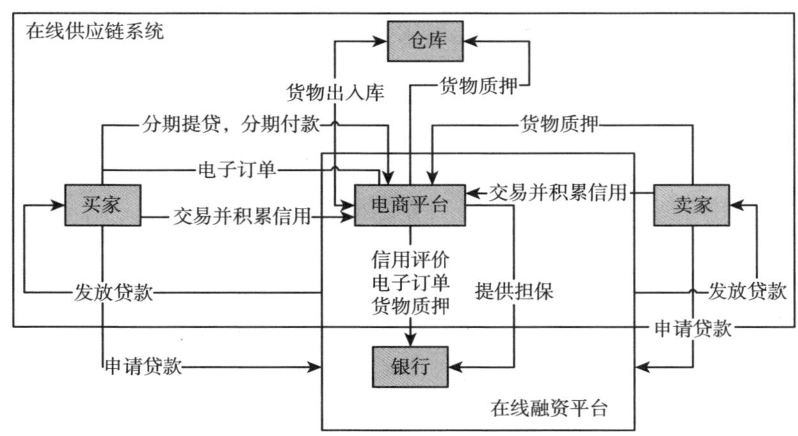

图 3－23　在线供应链贷款运行流程

在线供应链贷款的运行机制也无一例外地借助于电商平台的信用评价体系作为企业发放贷款的重要依据。同时为了进一步防范信用风险，“银行—电商”供应链贷款模式仍然要求电商平台为企业的融资行为提供担保机制。

第四节　小　结

当信用缺失问题成为困扰小微企业融资的主要问题时，基于第三方交易平台的网络融资模式的信用评价机制、担保机制与信息披露机制从不同程度和视角上缓解了小微企业的信用缺失问题。

本章从分析电子商务交易模式入手，对基于电商交易发展规模应运而生的多种形式的网络借贷模式进行流程分析，然后，将基于第三方交易平台的网络借贷模式分类为：网络信用贷款、网络平台担保贷款和在线供应链贷款。从各种模式流程图分析可知：电商平台中交易信用积累是平台上的企业进行借贷的前提条件，信用评价（或信用评级）是所有模式贷款申请阶段的重要工作之一，由信用评价机制产生的相应问题也将是本书的研究重点。

第三方交易平台的
网络借贷模式及
其信用机制研究
Chapter 4

第四章 第三方交易平台网络借贷模式的信用机制

随着电子商务交易规模的快速增长，基于第三方网络交易平台的网络借贷模式也出现了多种形式，网络借贷所依赖信用问题已成为学界和业界普遍关注的重要研究课题。不够完备的网络契约机制、缺失的社会信用体系以及与网络交易相关法律的不完善，使得第三方交易平台网络借贷中的企业诚信问题不得不更多地依赖于第三方交易平台的特殊性而产生的相关治理机制来解决。

上一章节，通过对基于第三方网络融资的模式和运行机制分析找到其内在运行机理是源于第三方交易平台交易信息以及交易信用的积累。然而，要使电子商务交易信用及其在平台上的社交行为数据发挥有效作用，则需要进一步深入讨论与网络借贷信用机制极为相关的内在机制和作用机理。

第一节　信用及其相关理论

一、信用及其相关概念界定

国内互联网金融发展之势正所谓如火如荼，然而一直以来被网络交易以及金融机构视为诟病的“信用”问题仍然是我国金融经济发展的最大羁绊。无论是传统借贷市场还是在网络借贷市场中，借贷双方之间的信用问题都是制约小微企业通过正规融资渠道获得融资的最大障碍。信用问题吸引了理论界学者做了大量的相关研究，并取得了一定的成果。然而，就像学者张贯一（2005）文中提到的，在诸多信用问题的研究中，经常涉及几个被混淆的概念“信誉（声誉）”和“信用”。为了更准确建立与信用机制相关的研究体系，在此首先对信用和信誉这两个概念进行界定，并阐清二者之间的关系。

（一）信用与信誉的词意解析

信用与信誉中都有一个“信”字，从字意上分析，这两个词有相似之处，它们都包含“相信、信任”这样的内容。

从古辞典得出信用和信誉分别有如下的含义。“信用”的词源解释有四种：（1）诚信用人；（2）相信并采用；（3）履行与他人约定所得到的信任；（4）不提供物资保证，不需要立即支付现金，凭借信任所进行的各种活动（马本江，2008）。比如：信用交易、信用贷款。“信誉”的词源释意有两种：（1）诚实守信的声誉；（2）信用和声誉。

在百度百科中，对信用和信誉做了如下定义。所谓信用，是指依附在人与人之间、单位与单位之间以及商品交易时形成的一种相互信任的生产关系和社会关系。而论及信誉则是指构成人与人之间、单位与单位之间以及商品交易时双方自觉自愿的反复交往、甚至愿意付出更多的时间、金钱等来进行延续的一种关系。

从以上词意解释与定义中可知，信用和信誉有着密切的关系，信用表现为一种信任关系，而信誉则表示这种信任关系的反复历史性。信用问题是发生在事中，通常是在整个交易运行的过程之中产生，并在交易结束后，对信用行为给出相应的评价。而信誉则是指交易主体在历史交易活动中的守信行为，交易双方的信用行为在交易结束后形成了各自的信誉。信用是信誉的基础，没有信用，就不会有信誉。

（二）信用和信誉的经济学界定

在市场经济活动中，尤其是商品交易过程中，信用是指人与人之间的符合道德规范并被社会所认可给出肯定评价的交易行为以及交易过程；涉及到具体商品交易，信用主要是指交易主体对其进行交易商品的属性、品质、功能给出承诺，并保证所有承诺约定是相一致的，还特别指出在交易过程中没有欺骗行为，那么当交易结束时，就可以对交易主体给出“守信用”的评价。以信用贷款为例，借款人在贷款机构授信下，获得经营所需资金，在约定的最后还本付息时间之内，借款人应用借来的资金努力经营项目赚取利润从而履行未来向银行还本付息的义务，当借款人按时还本付息，此信用行为就被记录下来，成为下一次交易时，交易对方可以使用的“信誉”。

信誉则是指交易主体在历史的市场交易中积累的声誉。是交易主体在市场中长期的守信行为而获得的良好声誉，这种声誉现象表现为交易主体的身份、所经营企业、所销售商品等相关的信息或要素得到社会认可与肯定，同时产生相应的信誉价值。信誉是有价值的，因为好的声誉将会帮助企业或个人增加交易机会，降低交易成本。那么获得高的信誉值无非就是交易主体进行“质优频高”的交易，每一次的交易都是守信用合乎道德规范的，此时交易主体的信用就会得到社会的广泛认可，从而为其信誉加分，若某一次交易违反规则，即存在失信行为，那就会造成严重的信誉损失。显然，只有交易主体的讲信用行为才能显示出从中获得的好处，信用的优势在于为企业创造了信誉。

通过对信用和信誉的概念界定可知，只有在长时间、频次高的交易过程中交易主体始终讲信用，它才能获得良好的声誉（即信誉）。从某种程度可以说，信用带来了信誉。然而，交易主体信誉的价值又在于信誉或者说声誉又为其在市场交易中获得了更多的信用，信用的增加的同时也强化交易主体的信誉，从而使市场进入一个良性循环，趋于帕累托最优。所以，在市场交易中，信用是信誉的基础，没有信用，就不会有信誉。

二、信用制度（机制）

市场经济是契约经济，同时也是信用经济。在交易过程中，任何一方的不守信行为都会增加市场经济运行的社会成本。市场经济需要一定的制度安排约束人们在交易活动中的信用行为，这就是信用制度。

只有在市场交易中守信用，才能有发达的市场经济，信用经济是发达市场经济的表现形式。当交易主体之间不能坚持守信行为，那么交易契约就没有被有效执行，相应地，难以形成真正的市场经济。即在市场经济中，经济主体之间的相互联系是以信用为基础，信用对企业尤其重要，一个企业的信用状况不仅决定着企业是否能够生存，还影响与其相关的其他利益主体，比如：若银行与企业因信用问题而关系恶化，会导致企业贷款困难，若企业生产假冒伪劣商品就会失去消费者，同时导致其声誉恶化。

目前，国内小微企业信用状况并不容乐观，与小微企业相关的信用问题已经引起了政府及相关经济主体的高度重视。信用问题其实质就是讨论和研究设计满足交易参与者激励相容约束的制度安排，也即信用机制的设计问题。在“经济人”的假设的前提条件下，得出针对信用问题满足交易参与者激励相容约束是：在交易过程中，交易的所有参与者其守信获得的期望收益至少不低于失信的期望收益。那么，在信用机制约束下，参与或即将参与交易的行为人就会普遍重视其信誉，因为良好的信誉为其在市场交易中获得相应的信任，表现为行为人是值得信赖的，此时，行为人凭借其信誉与信任可以无障碍地进行“信用”交易了。信用行为增加了信誉，良好的信誉为其赢得了信任，同时也为下一次信用活动建立了基础，周而复始，使得市场经济进入良性循环，最终形成信用经济。

信用问题主要表现为交易参与者之间信任程度不高，参与者不重视信誉等问题。如何有效地解决信用问题在于建立符合市场需求的信用制度（机制）。尤其是在国内信任与信用较为匮乏的小额信贷市场，建立行之有效的社会信用体系和信用机制，是解决小微企业融资难的有效途径。

三、契约信用与契约的信用机制

（一）契约信用

在市场经济条件下，信用主要表现为一种契约信用。随着网络信息经济的发展，人们交易范围的不断扩大，通过互联网进行交易已经成为整个社会的普遍交易形式。在网络这个虚拟世界中，人们难以了解彼此的真实情况。在这种情况下，商品交换、贸易往来等网络交易行为只能通过建立信用契约来维护。市场经济的逐渐发达，让人们从"面对面交易"到"虚拟电子交易"，"口头契约"到"电子契约"，契约始终都是各种社会关系与经济关系的基础与纽带。但是无论是什么情况，只有社会中的每个行为人遵守信用，坚守契约，才能建立更为完善与发达的新型社会秩序。

在信息不完全对称的情况下，通过制订交易契约才能做到对交易双方可能产生的机会主义行为进行有效约束，从而达到防范由于信息不对称引发的逆向选择或者道德风险的发生。交易双方之间不需要任何实物保证的契约称为信用契约，信用契约在传统交易与网络交易中发挥其契约作用，交易双方对制定的信用契约自觉履行的行为又被称为契约信用。

实现契约信用首先要建立信用契约。信用契约有显性和隐性两种表现形式，在农村或者亲戚朋友之间，人们之间发生的借贷行为常常不需要立字据（字据是一种显性借贷契约）只是达成口头协议，这种口头协议就是一种隐性契约。通常对于守信用的借款人而言，没有字据的显性约束，借款人也会按时还款，使信用契约实现了契约的信用。增加了彼此对对方信誉的信赖程度，声誉是这种信用机制发挥作用的主要原因。

在乡村社会里，人们居住距离近，平时来往密切，有时候一个村子里因为结姻亲，使得村里有较近的亲缘关系，在这样一个社会范围内，形成一定的习俗、文化和行为规范，一个人的好的行为和坏的行为都能以较快较准确的方式传播出去，这导致乡村社会人们更加注重声誉。下面举个简单的例子做以说明。例如：在一个村子里，王五没有足够的钱用于购买化肥，向其朋友张三借款1000元，由于平时关系密切，所以张三并没有让王五打下欠条，也没有约定具体的还钱时间。在这样一个契约发生后，张三基于对王五的信任并不担心钱收不回来，如果钱收不回来，王五将会受到怎样的处罚呢？张三会将王五欠债不还的事情在其朋友和全村范围内广为传播，让王五在村子里落下个赖账的坏名声，王五再遇到困难，就难以求助他人甚至会受他人排挤。显然，在这种隐性关系的约束下，王五要想达到使自己的利益不受损害，唯一的做法就是按时还钱。这就是声誉这种隐性的信用契约机制发挥了作用。当然，如果张三不完全信任王五，在借钱时要求其立下字据，一旦王五赖账的话，字据做为借贷的显性契约依据，对王五的失信行为进行法律约束，这时候显性的契约信用发挥其约束效力。

（二）契约的信用机制

通常一个信用契约就能决定一个契约的信用机制。建立信用契约的过程就是为契约设计信用机制的过程。

在社会经济信息不够对称的情况下，对契约的信用机制的设计主要是为约束双方可能产生的机会主义，从而保证交易的顺利进行而由交易主体的一方或者是两方协商制定并共同遵守的基于信用契约的交易机制。信用机制对交易主体的约束来源于其所依赖的契约信用，主要通过建立数学模型的方式来进行具体描述。通常，对于契约信用有两个必须满足的约束条件，那就是：（1）参与交易的双方或者多方对其效用（或所得）的期望总是非负的，这个条件被称为参与约束条件；（2）参与交易的主体的守信用的期望收益不能大于或者至少等于不守信用的期望收益。这个条件称做契约的激励相容约束。

本章的研究基于第三方交易平台的网络借贷过程中契约信用产生的机理，寻找并设计相应可行的信用契约机制，力图在网络借贷市场中，对信用贷款所引发的信用契约的相关信用机制做出探索性的理论研究。

四、信用相关理论基础

（一）信息不对称

斯蒂格利茨（Stiglitz，1990）对信息不对称理论做了重要论述。其研究认为：信息是有成本的，在经济社会里，人们都是有限理性的，所以不能完全获取他人信息，从而导致了信息不对称现象的出现。由于信息不对称的存在，在有限理性的驱使下，拥有信息的一方，就可能会利用其手中信息优势，按照自身利益需求对其信息进行筛选性公开或者是隐瞒，这种发生在事前的信息不对称行为，被称为“逆向选择”；另外，由于交易契约的不完全性或者是在契约形成后，信息拥有方对契约承诺不兑现的行为，即事后的信息不对称行为，被称为“道德风险”。

经济学中常用“逆向选择”和“道德风险”来描述由于信息不对称而导致的交易主体的不诚信行为。解决信息不对称问题的关键所在是如何让信息劣势方准确识别对方是否守信，以及如何制约对方才能达到让对方守信，这就需要建立一套信用机制来解决由信息不对称导致的“逆向选择”或“道德风险”问题。对于“逆向选择”问题，通常是通过建立信号传递和甄别机制；对于“道德风险”问题，则可以建立信用激励和惩罚机制。例如，以本书研究的网络借贷为例，为了预防小微企业的违约行为，银行在贷款审核过程中引入电商平台的信用评价的信用机制，增强企业信息的透明度，通过信用评价机制来进行信号传递，从而达到缓解网络借贷中的“逆向选择”。另外，信用评价、信用信息共享、网络信息披露以及由以上机制共同作用的企业声誉机制都对企业贷后行为进行了有效约束，达到了防范“道德风险”的目的。另外，在银行与网络小微企业之间引入电商平台，使得企业信用状况更加透明，在声誉机制的作用下，企业信用成为公共信息。

（二）委托代理理论

在信息经济学中，常常将博弈过程中拥有私人信息的参与人称为“代理人”，不拥有或者拥有私人信息较少的参与人称为“委托人”。在现实生活中，经济活动形式多，范围广，涉及企业交易往来、金融、保险等社会经济的多个方面。信息不对称情况下签订和执行的合同的交易占了绝大部分，所以交易市场中存在着大量的委托—代理关系。

张维迎（2007）在其《博弈论与信息经济学》一书中指出，为了保证自身利益不受损害，委托人通常是通过设计合适的激励约束机制诱使代理人从自身利益出发选择对委托人最有利的行动，或者对代理人实施监督来规范其代理人行为。当代理人需要通过委托人的帮助来获得自己的利益时，代理人就会通过一定信号传递方式向委托人做出保证，即在其获得既得利益的同时，保证委托人的利益不受损害，或得到一定的补偿。显然，保障这种委托—代理关系达成的条件是双方都要遵守承诺，即要讲信用。所以，基于委托—代理关系的信用行为就必须通过设计合理的信用激励机制来进行强化。

（三）博弈论

博弈论，亦称对策论，是指在某特定环境下，个人或企业在一定规则约束下，依靠自身所掌握的信息，寻求自身利益最大化时，所做出的策略选择。通常，一个完整的博弈（game theory）是由博弈的参与主体、可选择策略、收益函数以及博弈时序四个要素组成。博弈论就是分析以上要素，对由不同要素决定的博弈模型寻找其相应的博弈均衡解，然后对均衡结果给出解释分析的理论和方法。以网络信贷市场为例，根据经济人有限理性的假设，借贷双方根据自己的收益函数，分别计算不同策略选择时所能获得的最大效用，并找到博弈的纳什均衡。因此，借款人在博弈过程中的信用行为选择，实际上就是它与贷款方之间的博弈均衡解。

无论是信息不对称理论还是委托—代理理论都提出通过建立有效的激励机制来降低信息不对称，促进参与主体的守信行为；博弈论也进一步说明了在交易的参与方利益最大化作用下，通过双方或者多方博弈与决策来确定参与主体的信用行为，从而在参与主体长期博弈的过程中形成了信用机制。

第二节　第三方交易平台的网络借贷信用机制

目前，在国内信贷契约关系中，由于社会征信体系不够健全，使得正式的契约约束机制例如法律制度，难以充分发挥其作用来缓解信贷关系中存在的信息不对称。另外，不够完善的电子商务法律以及网络契约的不完备都使得在面对基于网络交易信用而发展起来的网络借贷时，法律难以施加其真正的效力。为使网络上的小微企业与融资机构之间的信贷合约的完成得到有效推动，建立和完善非正式的信贷契约的约束制度尤其重要。

网络交易平台信息量大，传递速度快，操作便捷等特点为第三方交易平台的网络借贷模式的兴起提供了便利条件。比如，对信贷产品可以通过大数据模型进行批量处理，不仅减少了人工交易成本，还能提高信贷效率和质量。特别地，网络信用资本积累所形成信用评价机制、全网信息披露机制以及与信用相关的声誉机制在网络借贷运行过程中的实施都达到了降低银行小微企业间的信息不对称的目的，增加了对借款人还款行为的激励作用，进一步促进了小微企业的信用体系建设。

一、网络借贷信用机制道德风险模型

为了进一步探求网络借贷信用机制在缓解银企之间信用不对称的作用机理，本节通过建立一个信用机制激励企业还款的简单数学模型，来阐述网络借贷信用机制是如何防范道德风险进行的。

1. 模型说明及假设

在前文中已经理论推知：只有在长时间、频次高的交易过程中交易主体始终讲信用，它才能获得良好的声誉（即信誉），交易主体信誉又为其在市场交易中获得了更多的信用，信用的增加的同时也强化交易主体的信誉，从而使得市场进入一个良性循环，趋于帕累托最优。

在本模型中，(1) 设定企业与银行之间存在着的长期合作关系。通过模型来观测信用机制如何约束企业在项目贷款成功后的违约行为。

(2) 为计算推导模型方便起见，在长期的贷款关系中设定贷款的每一期企业都有一个新的项目需要投资，且投资资金为 F。

(3) 银行每一期的贷款利率和存款利率都不发生变化，贷款利率用 r 表示，存款利率用 ρ 表示，并以存款利率为贴现率。在实际借贷关系中，利率是会随着企业的还款行为进行浮动变化的，本书暂不考虑。

(4) 企业投资的每一期项目成功的概率都是 P，收益值设定为固定值 R。

(5) 为了激励企业到期能按时还款，在签订贷款合约时银行承诺：企业按时还贷，就会在下期给予企业投资项目相同金额、相同利率的贷款。

2. 模型推导与分析

假设银行与企业是长期合作的关系，所以从这种长期合作关系中企业获得的投资收益值用 Y (F)，并可通过式 (4-1) 计算得到：

$$Y(F)=\frac{PR-(1+r)F}{(1+\rho)}+\frac{PR-(1+r)F}{(1+\rho)^{2}}+\frac{PR-(1+r)F}{(1+\rho)^{3}}+\cdots\cdots$$
$$=\frac{PR-(1+r)F}{\rho} \qquad (4-1)$$

长期的、重复的交易为企业建立了信誉（声誉），同时使企业信用产生相应的价值。尤其是对基于网络交易平台进行网络借贷的企业，其企业信用的价值不仅体现在：（1）企业的信用将影响其在网络上交易的成交量；（2）其网络交易平台上的信用信息的积累也会影响其通过平台申请贷款的可得性。

由此可见，像物质资本、银行资本一样，信用做为一种资本存在于企业生产经营过程中，应用好“信用资本”同样可以为企业带来相应的收益，从这个意义上来说，信用资本也是企业可依赖的社会资本。

信用毕竟是一个抽象的事物，它不像固定资产、银行信用等可以反映在企业的财务报表之中，它有价值能带来收益却不能以财务信息方式展示。但是，随着互联网技术的快速发展，平台大数据技术的应用，网上卖家或买家的每一次交易行为都将反映其信用的价值，如果卖家守信用那他未来获得的收益就会增加，如果在交易过程中，经营“假冒伪劣”产品，即不能恪守信用，即使当期获得收益，其未来收益也会受到损害。

那么，就可以用企业当期收益与其未来各期获得的收益作为企业信用的价值，用 Y(W) 来表示：

$$Y(W)=\frac{W}{1+\rho}+\frac{W}{(1+\rho)^{2}}+\frac{W}{(1+\rho)^{3}}+\cdots\cdots=\frac{W}{\rho} \qquad (4-2)$$

在项目成功后，企业对其还款行为有两种选择：

（1）企业守约，按时还本付息，其获得收益为：

$$R-(1+r)F \qquad \cdots\cdots \qquad (4-3)$$

（2）企业不还款导致其违约，那么银行中止与企业的合作，并对企业启动惩罚机制。在这种情况下，企业除了损失它与银行长期合作所能获得的未来收益 Y(F) 外，企业信誉将会受到严重损害，同时还影响其在网络交易平台上的贸易活动，最终导致企业的未来信用价值也无从获得。违约时，企业的收益计算如式（4-4）所示：

$$R-Y(F)-Y(W)=R-\frac{PR-(1+r)F}{\rho}-\frac{W}{\rho} \quad \cdots\cdots \quad (4-4)$$

为了进一步对企业的两种选择结果进行对比分析，现做如下的推导计算：

由式（4-3）减式（4-4）得：

$$\frac{R+W}{\rho}-(1+\frac{1}{\rho})(1+r)F \quad \cdots\cdots \quad (4-5)$$

式（4-5）式可化简为式（4-6）：

$$\frac{R-(1+r)F}{\rho}+\frac{W}{\rho}-(1+r)F \quad \cdots\cdots \quad (4-6)$$

模型结果分析：式（4-6）大于0，守约的收益大于违约收益，即表示：银企长期合作的收益值 Y(F) 较高或者企业信用值 Y(W) 较大时，当然这两者的和要大于 (1+r)F 时，企业理性选择是按时还贷，遵守贷款约定。此外，观察式（4-5），当 F 较小，式（4-6）大于零的条件就较为容易满足。由此可知，银行或贷款机构应对企业每次贷款额度进行限定，当额度较小时，企业守信的可能性更高。因为，只要企业违约就意味着企业有信用污点了，即其信用价值将受到减毁，为了较小贷款而违约，对于企业而言是不值得的，所以在贷款额度小时，企业只要项目成功，守信是其最理性的选择。可见，是信用的约束机制有效防范了企业的机会主义。

在本模型中，无论是长期合作，还是小额放贷都是信用约束机制的其他表现形式，通过以上的模型分析说明了有效防范企业项目成功后的道德风险行为的方式就是，银行能够保持与企业长久的合作关系，而且企业能从这种长久的合作关系中获得高的附加值，另外，当企业贷款额度较小时，信用的价值对企业是非常重要的。这也从另一方面说明了，建立小微企业的信用评价体系，为小企业提供信用贷款是“银企双赢”的好事。

第三方交易平台的网络融资模式通过电子商务平台的信用信息缔结而成的信用评价机制、声誉机制、网络信息披露机制、担保机制等促进了信贷合约的有效执行。

二、网络借贷信用机制组成

传统银行信贷看重的是小微企业的信用水平、财务实力、健康程度及担保方式等可以形成文字或明确表达出来的“显性信息”，对于显性信息问题严重的企业来说，将被排斥在信贷市场之外 。但是，小微企业的一些“隐性信息”，比如，商业信用记录、企业的贸易背景、经营动态、企业主的消费记录等，对小微企业获得信贷融资来说就非常关键了。第三方交易平台正好为企业提供这样一个场所，一旦企业进入网络平台，通过平台与网络内的成员企业进行互动就会产生相应的交互信息。即：小微企业通过加入到电商平台，丰富了自身的信号数量的和质量，并在平台上通过诚信交易积累其信用资本，为其在贷款机构融资提供了关键性的信贷决策依据。

国内的电商平台除了像国外电商平台一样主要完成网络交易外，还承担了其他与网络交易相关的功能，而且随着交易规模的扩大，电子商务平台不仅仅是商品交易网站，还是企业可以依赖的融资平台。电商平台除了建立的信用评价体系外，还设计了一系列的交易机制来保障平台网上交易（或网络借贷）顺利完成。比如，平台担保机制、诚信保障机制、信用信息共享机制、与政府、银行共建风险池、声誉机制等，这些机制很好地起到了减轻银行与第三方交易平台合作过程承担风险的压力，为基于第三方交易平台的网络融资提供了更加有力的保障（见图 4－1）。

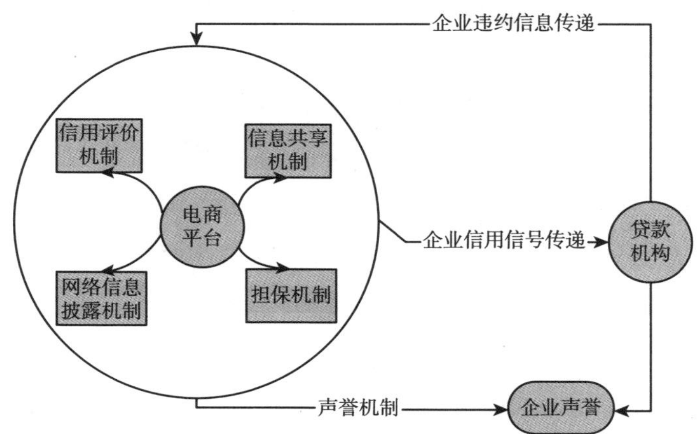

图4-1 网络借贷信用机制组成及其相关关系

（一）网络信用评价机制

（1）网络信用评价机制的企业增信功能。通常提到的信用报告是指由银行机构根据企业（或个人）的银行账户资金往来交易为企业（或个人）提供的相应的信用评价，也叫做银行信用。随着电子商务的普及，企业（或消费者）在网络上的交易行为或社交活动在电子商务平台或者社交网站上留下的相应的信用记录。这些记录中尤其是企业网上运营活动被所在平台的数据库跟踪记录，形成了企业的网络商业信用，电子商务平台对企业的交易行为和相应信息做出的信用评价，将成为企业的商业信用，当企业进行融资活动时，这些网络信用将作为其银行信用的极为有力的补充，起到为企业增加信用评级来源的功能。

（2）网络信用评价机制的信息共享功能。以阿里巴巴为例，无论是C2C平台上的DSR信用服务体系还是B2C平台上的诚信通会员档案，还是其B2B上的商盟制度都是通过平台的信用评价模型了解到有欺骗行为的商家，商家的商业信用行为以买家的信用评价形式为客户所拥有，其信用能力通过交易平台为客户所共享。

（3）网络信用评价机制的声誉功能。仍以阿里巴巴为例，阿里巴巴为防范网络上的虚假交易的存在，对平台上企业建立了与企业信用相关的制度。本书第三章中，已经对信用和信誉相互关系进行论证，而信誉的表现形式声誉与企业或个人信用密不可分。已有不少学者通过研究证明了电商平台的信用评价体系对声誉机制的影响（殷红，2013）。通过阿里平台的诚信档案、信用评价等制度，以及信用信息的及时更新等，信用机制及时反映了企业信誉，使得声誉机制发挥作用。

（二）网络信息披露机制

（1）网络信息披露机制的传播功能。在传统借贷模式下，银行难以获取小微企业的非财务信息，也难深入了解到小微企业的经营状况，在这种情况下，银行需要加大人力、物力来缓解这种信息不对称。当企业违约时，银行对企业违约追偿成本较高，从而导致银行对小微企业的惜贷现象。但是，在网络借贷模式中，通过网络建立声誉制度，同时对企业违约行为借助于网络进行传播。网络信息披露机制的信息传播功能表现在，网络可以被当做信息传播的媒介，而且，通过网络进行信息传播，由于网络的外部性，其信息传递成本较低且能更好的发挥声誉机制的传播效用。

（2）网络信息披露机制的治理功能。当平台上企业不按时还贷，出现违约现象时，网络交易平台启动“网络封杀”功能，在网络上发布企业注册信息、企业主姓名、企业经营项目以及违约的重要信息，这相当于向全网其他企业宣布这家企业信用不好，这使得企业的违约成本高，从而达到其网络信息披露机制的外部治理的作用。另外，网络信息披露机制的存在，使得企业透明度变高了，在信息透明的情况下，企业难以隐瞒其经营状况以及信用信息时，就会从企业内部注重信用，营造声誉为自身创造良好的外部生存环境。

（3）网络信息披露机制的成本节约功能。电子商务平台的信息传递快、操作便利等特点，使得基于平台的网络贷款节约了时间成本，在平台上运营的企业只需要选择适合自己的贷款方式然后向平台提交贷款申请，剩下的工作大都由平台来完成，电子平台处理数据快捷，节约了企业在申请贷款过程中花费的时间。另外，节省了企业的谈判成本。平台上的各种信息数据库记载了企业的相关信息企业的经营现状，通过大数据模型直接确定企业的信贷额度，不像传统借贷模式下，企业自己申报贷款额度，银行尽职调查审批，耗时耗力，有时候企业还要与银行进行“讨价还价”。在有交易平台介入的情况下，避免了企业虚报数额和“讨价还价”，节省企业的谈判成本。

（三）声誉机制

（1）声誉机制的网络传递效应。声誉机制来源于重复博弈的可置信威胁，因此，重复博弈形成的可置信的强度和力度越大，声誉机制的功效就越高。网络是声誉发挥作用的载体，网络产生并传播企业声誉信息（Bromley，1993）。具体到第三交易平台的网络信贷市场而言，小微企业在平台上进行交易，企业间的信息通过网络得到很快的传递，这种信息传递机制降低了市场欺诈和故意违约的概率。如果企业在项目获得收益后采取策略性违约，其在平台上的声誉就会受到损害，会被平台上的群体所抛弃。如果企业采取的联保贷款，团体内的其他成员也会对其采取惩罚措施来维护团体的声誉。

（2）声誉机制的社会惩罚效应。以网络联保贷款为例，当联保体中有一名成员违约，其他成员就会对其产生排斥。这将对企业产生威胁，而且其他成员会让他的失信行为广为传播，从而对企业产生了相应的社会惩罚效应。

（3）声誉机制的的社会担保效应。基于网络的融资不能像传统融资那样提供抵押担保，那么，基于网络交易平台的网络借贷的风险补偿只能依赖于居于银行与企业之间的担保平台（例如阿里巴巴）与银行、或者政府进行风险共担。平台承担社会担保是基于平台掌握与企业经营相关的重要信息，平台通过其网络传播效应对企业建立相应的声誉影响机制，这为平台提供社会担保创造了有力条件。

第三节 小 结

本章主要对网络借贷模式运行机制分析过程中找到有效运行所主要依赖的信用机制：（1）信用评价机制；（2）网络信息披露机制；（3）声誉机制以及其他衍生机制之间的相互关系做了定义。另外，通过理论建模分析了信用机制在防范网络借贷道德风险方面的作用机理。

第五章 基于信用机制的网络借贷模型研究

本章在上文对基于第三方交易平台的网络借贷模式及信用机制理论分析基础之上，分别建立了三个模型来分析网络借贷模式及其信用机制中存在的几个问题。

第一节 基于信用评价机制的网络借贷模型

一、问题提出

本书第四章中已经详细论证了基于第三方交易平台的信用机制通过降低网络借贷过程中银企信息不对称问题，从而缓解网络借贷中由于信用缺失问题而引发的道德风险。在传统借贷关系研究中，有不少研究都论证了声誉机制有助于贷款机构与企业建立长期合作关系。那么，在基于网络交易平台借贷模式中，信用评价机制对传统的声誉机制是否有促进作用？能否通过网络信用机制来缓解信贷配给现象？

为了进一步充分了解信用机制中的声誉机制的相关内容，在此对声誉机制的相关研究做一个简要的梳理。声誉机制的研究起步较早，早起的研究多是从数理模型、博弈论的角度进行的，如 Krep，Wilson，Roberts 和 Milgrom（1982）构建的 KWRM 声誉模型是最早应用重复博弈来对声誉机制的激励作用进行研究。近年来，声誉机制的研究主要集中在公司治理、市场交易及信贷市场三个方面。下面重点探讨市场交易与信贷市场两个方面关于声誉机制的研究结论。

贾生华、吴波（2004）认为契约的私人执行机制本质上是关联博弈的社会声誉机制；刘惠萍、张世英（2005）研究了实现声誉机制有效激励的条件和提高声誉激励效应的路径。以上研究多基于模型推导得出结论，在交易市场的声誉机制研究中，Mcdonald 和 Slawson（2002），Melnik 和 Alm（2002）等学者证明了社会信用体系可以通过声誉机制来促使交易者们诚实守信的；Baron（2002）、Dellarocas

（2003）分析了网站中的信用评价系统是如何发挥声誉机制的作用来保证交易诚信的；Livingston（2005），Houser 和 Wooders（2006），Lucking－Reile 等（2006）则通过 eBay 上的交易数据验证了网上声誉机制的作用；潘勇、乔晓东（2012）以淘宝为例，对逆向选择下的网络市场声誉机制的作用进行了实证分析，结果显示：具有本土性特征的声誉机制可以抵消网上交易中的逆向选择；国内学者殷红（2013）也通过建立模型的方法，从理论上论证了私人秩序在防范网络交易中道德风险的作用，类似的研究还有李维安、吴德胜、徐皓（2007）。

另一类研究是声誉机制在信贷市场中的相关研究。Bastelaer 和 Leathers（2006）对南赞比亚小团体贷款的研究中发现，团体成员间交流与信任程度对成员声誉有较高的影响，同时对贷款偿还率起到了关键性作用。赵岩青、何广文（2008）研究了建立在声誉效应上的信任机制，认为如果借贷双方以及借款联保小组成员之间缺乏基本的信任，那么合作行为不会出现；张强、张宝（2010）通过声誉溢价模型检验了信用评级机构的声誉机制，提出了提高评级质量的政策建议。

从以上文献梳理可知，声誉机制在社会经济多个方面发挥了其相应作用，尤其是在传统借贷市场。在上一章中，讨论了网络借贷的信用机制，无论是信用评价机制还是网络信息披露机制都对小额贷款中声誉机制有不同程度的正向影响作用，在本节通过模型对其进行进一步论证。

二、信用评价网络借贷模型

在传统借贷中，由于贷款机构与小微企业之间信息不对称，小微企业在申请无抵押、无担保的信用贷款时，难以借助声誉机制对企业进行约束，导致了信贷配给问题。网络借贷中，引入信用评价机制后信贷配给问题是否能被有效解决。对上述两种情况的博弈分析如下：

（一）无信用评价二阶段博弈分析

在没有平台加入信用评价阶段，博弈分析的参与主体为小微企业和银行。

1. 博弈假设

（1）电商平台上的小微企业无自有资金，需要资金 A 来投资某项目，只能向银行借款。

（2）银行有两种选择“贷款”和“不贷款”。为了计算和分析方便，本模型假设银行的贷款的利率为 r。

（3）银行选择“不贷款”给企业，企业得不到贷款，其项目就会被取消或延期，企业丢失由项目带来的收益。获得银行贷款，企业是有一定的机会成本，且成本 $C>0$。一阶段博弈结束。

（4）银行贷款给小微企业，企业也有两种选择“还款”或者是“违约”。设其履约还款的概率为 $\beta(0\leqslant\beta\leqslant1)$。

（5）企业选择“还款”，银行获得收益 $R=A(1+r)$；投资项目成功后，企业从投资项目中获得的总收益为 B；当 $B>A(1+r)$ 时，企业才有还款激励。

（6）企业项目成功却选择违约，则银行无收益，企业收益为 B。二阶段博弈结束。

对于企业而言，银行若判断其有可能违约就不会贷款给企业，若判断其会还款则会贷款给企业，所以企业从银行获得贷款的机会成本与企业是否违约相关。由分析可建立企业机会成本与履约概率之间的等式关系：

$$C=\beta(B-R)+(1-\beta)B=B-\beta R \tag{5-1}$$

在本阶段不考虑银行与电商平台合作，即银行没有平台上小微企业的相关信用评价信息，完全靠其自身拥有信息对企业行为进行判断。小微企业与银行之间的贷款博弈过程如图 5-1 所示。

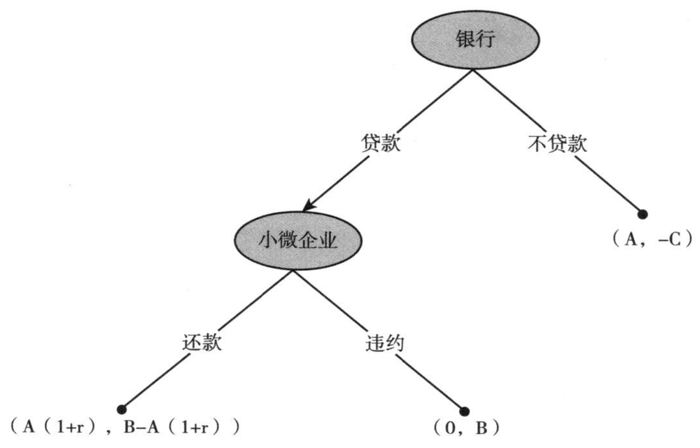

图 5－1　无信用评价的银企两阶段博弈

2. 博弈结果分析

（1）动态博弈树的数据项说明。结点表达式中左边的数据代表银行的收益，右边的表达式代表小微企业的收益。

（2）博弈结果分析。小微企业向银行提交贷款申请，并承诺按合同协议履约。银行根据相关信息对贷款进行审批，主要是对企业还款承诺进行判断，并通过判断结果来决定是否发放贷款。在动态博弈过程中，为了寻找博弈的纳什均衡通常采用逆推归纳法。本模型应用逆推归纳法来分析二阶段博弈。

从分析二阶段博弈结果可知，由于 $B > A(1+r)$，基于收益最大化，小微企业在二阶段的纳什均衡的选择是“违约”。逆推至一阶段，因为企业获得贷款后的选择是“违约”，那么银行的收益为“0”。既然收益为0，那银行在第一阶段就会做出不贷款给企业的决策，因为不贷款银行的收益为 A。

因此，由于缺乏重复博弈下声誉机制的有效约束，银行难以获得企业的相关信用信息时，银行贷款给小微企业将会引发较高的道德风险，从而导致了银行不愿意贷款给小微企业，这正和传统信贷状况相符，即发生小微企业贷款过程中的信贷配给。

（二）信用评价三阶段动态博弈分析

为了进一步验证信用评价信息是否能缓解银行与小微企业之间的的信贷配给，并对企业的声誉有何影响。在本节的博弈分析过程中引入电商平台的信用评价机制。

1. 博弈情境假设

假设银行与电商平台合作，共同为平台上的小微企业提供信贷服务。为了博弈分析简便起见，设定电商平台只为银行提供关于企业的信用评价信息，银行将依据平台提供的信用评价信息，来分析小微企业的还款承诺可信的状况。

（1）当小微企业通过电商平台向银行提交信用贷款申请后，银行根据电商平台给出的信用评价报告，结合银行内部的信用风险管理对是否放贷做出决策，如果信用评价与信用风险综合分析结果在可贷款的评级范围内，银行贷款给小微企业，若企业是高风险，则失去本次贷款机会（注：关于银行与企业的相关参数，仍然使用无信用评价阶段的设定，此处不再重述）。

（2）小微企业获得信用贷款，并成功经营项目。有“还款”或者“不还款”两种选择。若还款，如无信用评价阶段博弈结果所示。若不还款，则于企业运营在电商平台上，其违约将被平台和贷款机构或其他信用评级获得并记载，并对企业的信用等级情况根据其违约程度进行评级记录更新。“违约企业”将面临“信用降级”的处罚，从而导致企业声誉受到严重影响（本部分仅讨论信用评价对企业声誉的作用机制，故未涉及由违约引发的社会惩罚）。

（3）若小微企业选择违约，其违约后无论是在电商平台还是贷款机构方面都对其信用污点进行记录，并对其信用级别进行“降级处理”。通过以上的信用惩罚，对企业的违约行为形成威胁，并能避免银行等贷款机构未来潜在的损失。对于贷款机构而言，没有损失即有收益，用L代表潜在的损失，也即银行对企业的违约做出了正确的判断，从而获得的收益，收益 $L>0$（见图 5-2）。

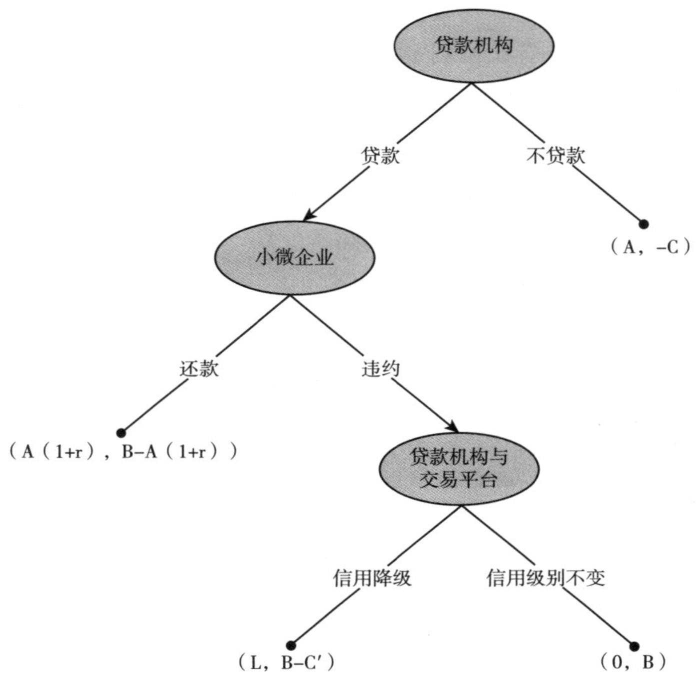

图 5-2　信用评价三阶段动态博弈

（4）小微企业这一期违约，受到信用“降级处理”。下一期，企业有机会获得项目，但需要银行给予信贷支持，由于企业违约，无法从银行等贷款机构获得贷款获批的机会，即，企业由于违约而形成的机会成本，设机会成本 C'。C'为企业未来各期机会成本 C_t（$t=1，2，3，\cdots n，n\to\infty$）的现值之和，假设贴现因子为 δ（$0<\delta<1$，且 δ 接近于 1），则用式（5-2）来表示 C'：

$$C' = C_1 + \delta^1 C_2 + ... + \delta^n C_n = \sum_{t=1}^{\infty} C_t \qquad (5-2)$$

2. 博弈分析

在此阶段，仍然采用逆归纳法进行分析。

（1）对三阶段的纳什均衡决策进行分析。由 $L>0$，可知第三阶段对于银行或者贷款机构而言，其纳什均衡策略（L，B－C′）。

（2）在二阶段，先来分析小微企业的两种选择结果。显然，企业选择履约还款，贷款机构的收益：$A(1+r)$，小微企业的收益为：$B-A(1+r)$；企业选择违约，从三阶段策略选择结果可知，企业的收益为：$B-C'$。此时，企业是选择“还款”还是“违约”关键在于，企业的违约机会成本与贷款本息和的相对大小。

（3）电商平台在企业违约后将其信息与其他贷款机构进行信息共享，在网络借贷模式信息共享机制的作用下，企业违约后再次申请贷款，无论向哪家银行申请贷款都存在博弈，而且由于银行对其声誉信息是共享的。可看作，企业为获得项目贷款与同一家银行之间的重复博弈，即：$C_1=C_2=\cdots=C_t=C_n(t=1,2,\cdots,n)$，则企业与银行重复博弈的机会成本的近似值如式（5－3）所示：

$$C'=\frac{C}{1-\delta} \tag{5-3}$$

将式（5－1）代入式（5－3）得到式（5－4）：$C'=\frac{B-\beta R}{1-\delta}$

（5－4）

由式（5－4）推导可得：$C'-R=\frac{B-(1+\beta-\delta)R}{1-\delta}$ （5－5）

（4）第二阶段均衡策略结果分析。如果 $C'>R$，企业的策略是“还款”，反之，企业选择“违约”。

推导过程如下：

$\because 0\leqslant\beta\leqslant1,\ 0<\delta<1$，且 δ 接近于 1

$\therefore \beta-\delta<0$ or $|\beta-\delta|\approx0$

$\therefore 1+\beta-\delta\leqslant1$

$\because B>R$

$\therefore C'>R$

从上述推导过程可知，式（5－5）是大于 0 的，也即 $C'>R$。基于收益最大化原理，在此博弈的第二阶段小微企业的纳什均衡策略是“还款”。

（5）第一阶段银行的纳什均衡决策分析。第一阶段银行两种策略的收益分别为：“贷款”收益为 $R = A(1 + r)$，“不贷款”收益为 $A(A > 0)$。第二阶段小微企业的均衡策略为“还款”，显然，$R = A(1 + r) > A$；因此，第一阶段银行的纳什均衡决策是“贷款”。

3. 小结

经过对信用评价三阶段博弈分析可知，基于电商平台的信用评价对小微企业的违约行为形成了可置信威胁，履约企业获得银行重复博弈建立其声誉机制的机会，受声誉机制重复博弈激励约束且基于长期利益最大化的考虑，企业只要获得贷款就会作出“还款”的选择，同样，对于贷款机构而言，“贷款”给小微企业也是其最佳选择。显然，引用信用评价机制后，消除了无信用评价时的信贷配给问题。在信用评价过程中，声誉机制与信用信息共享机制发挥了其在重复博弈过程中的正向影响作用。

三、结论

基于上面的博弈分析，信用评价体系的构建对于重复博弈下的声誉机制在网络借贷过程中发挥其积极作用的答案是不用置疑的。基于以下三个方面，信用评价机制对声誉机制的有效性作出如下的理论解释。

第一，贷款机构在引入电商平台的信用评价机制后降低了银企之间的信息不对称。由于网络的广泛性和外部性，在第三方交易平台网络融资模式下，贷款机构将共享企业的信誉信息，小微企业的信息在贷款机构间是透明的，难以像传统借贷模式下，在贷款申请过程中对银行进行信息蒙蔽。网络交易平台的信用评价体系是对企业与企业主信用高度相关的一系列指标进行综合评价，这些指标包括：企业主的银行信用记录、小微企业的基本情况以及企业在网络上产生的交易信用。经过大数据处理技术，网络信用评价模型将增强企业的信息透明度，有效地预测企业的还款能力以及贷款风险。即信用评价机制从事前到事后都降低了银行与企业之间的信息不对称。

第二，信用评价促使重复博弈和声誉机制发挥作用，企业违约惩罚力度大。随着我国市场经济的逐渐完善，建立健全征信体系使得第三方的信用服务意识也大大加强了。随着网络交易范围的扩大，基于网络交易平台的信用评价将被广泛使用，贷款机构共享企业的信用信息。小微企业或企业主每一次的违约事件都会被及时更新到他们的信用数据库中。小微企业向任何一家贷款机构申请贷款所得到结果都应该是相同的，只要有一家贷款机构确定不给予贷款，在网络环境下，其他贷款机构对企业提出的贷款申请结果是一致的“不放贷”，也即，企业的每一次贷款申请都是本期贷款结果的重复博弈，企业失去了从正规渠道获得项目融资的可能性。因此，从贷款申请开始就选择“履约”是小微企业获得其利益最大化和长期融资效益的最佳选择。同样的，在信用评价体系中引入重复博弈和声誉机制对企业的违约行为产生强大的约束，有效防范了网络借贷模式中小微企业的道德风险。

第三，银行与电商平台合作促进了相互信任与合作发展。在第三章第三节中提出过假设1：银行与电商平台在合作过程中，履行其合作约定，是第三方交易平台的网络信用贷款得以运行的基本前提；若电商平台在合作过程中未能向银行反映企业真实信用评价信息，将会导致贷款风险增加。以上分析可知，也可对以上假设得到相应结论，“银电”合作过程中的相互信任是平台信用评价体系发挥其作用机制的前提。结合现实情况，2011～2013年，中国建设银行与阿里巴巴合作的网络信用贷款曾一度因为银行与电商平台之间对网络信用评价体系认识以及在风险管理控制能力上存在分歧，而导致银行贷款风险增加。随后，形成了阿里巴巴开始发展的阿里小贷模式，银行也自建电商平台模式来建立自己的交易信用体系的竞争状况。然而，由于阿里小贷可贷资金的限制加上平台自身独自承担信用风险而导致了在贷款过程中制定了较高的贷款利率，年利率甚至高达20%以上，过高的门槛限制了阿里小贷的发展。另外，银行也是在一个不熟悉的领域来开展商业交易，增加了银行管理成本与经营成本等等。自2013年下半年开始，银行与网络交易平台之间的合作关系又重新开启，如民生银行、中国银行等银行开始与网络交易平台合作开展网络借贷。同时国家出台了相应政策鼓励建立网络征信平台，服务于整个国家信用体系建设。

第二节　基于平台信用担保机制的网络借贷模型

信用担保是指不需要任何实物抵押通过信用保证担保的方式，来达成合同约定的债权。信用担保的出现，大大缓解了中小企业融资的困境。随着第三方交易平台的网络信用贷款和网络担保贷款发展，银行与第三方交易平台合作信用担保机构应运而生。第三方交易平台根据企业在平台上积累的信用为其提供担保，这样不仅提升了平台服务能力，提高了小微企业的信用等级，更促进了小微企业的融资能力进一步增强。

由于信息不对称、小微企业信用不良以及银行与平台合作过程存在的风险分担等问题，基于第三方交易平台的网络借贷面临着银行与平台从合作走向竞争的格局，这种格局并不利于国内信用体系建设。现引入平台担保模式，为银行与平台合作找到新的发展渠道。银行与网络交易平台之间的合作规定和结果对交易平台为其平台上企业提供信用担保起到关键性的作用。本节主要是对基于电商平台信用担保的网络借贷模式中电商平台担保机制及作用进行演化博弈分析。

一、假设与模型

第三方网络交易平台网络借贷市场的参与主体分别为借款企业、第三方交易平台（后面均简称平台）以及贷款机构。在基于第三方网络交易平台的网络借贷模式中，贷款机构主要是各大商业银行和开展小额贷款的电商平台，其作用是为借款企业发放贷款资金。本节将从有限理性的假设出发，即网络交易平台与银行在是否担保双方博弈时，是以各自的利益最大化为决策中心点。具体到本模型，故将商业银行作为贷款机构的代表性主体。网络交易平台与银行合作的基础是对收益的分配以及风险的分担达到均衡。

模型假设与构建

1. 环境设定

在一个无其他约束的自然状态的市场中，平台 E 与银行 B 就平台是否为企业进行信用担保进行策略博弈。

（1）平台的策略选择：若平台为企业提供信用担保，意味着当小微企业一旦违约，平台就要为其担保的企业承担违约风险，承担违约而造成的相应损失；从利益最大化角度出发，平台都会做出“只提供信用评价服务”。但是，在与银行合作开展贷款业务时，通常银行会提出让平台为借款企业提供更多的担保保证，除了信用担保外，还包括其他担保。故在双方合作时，平台将有两种策略选择：①平台只为银行提供对企业的信用评价服务（F1）；②平台愿意按照银行的合作要求提供其他担保服务（F2）。

（2）银行的策略选择：类似地，银行也会出于自身利益考虑，在贷款过程中，通常会要求企业进行“抵押担保”贷款。但是，当面对网络小微企业时，前文已经论证，由于平台信用评价机制的作用，消除了银企之间的信贷配给。所以，在面对网络小微企业的基于平台的贷款时，银行也有两种策略选择：①要求平台必须为企业提供信用担保（B1）；②对平台无担保要求，只须提供信用评价服务（B2）。

2. 策略博弈分析

分别对银行与电商平台的策略进行两方面分析。

（1）F1 与 B1 策略博弈结果。假设平台选择 F1 而银行选择 B1 策略时，在这种选择下，银行与平台无法达成合作协议，各自承担谈判失败的损失。损失值为 $L_i(i=1,2)$。其中，L_1：平台洽谈业务失败的损失，L_2：银行未发放贷款的损失。

（2）F1 与 B2 策略博弈结果。基于网络交易平台的网络借贷模式中，银行更期待能与平台进行合作，从而获得平台上企业的信用信息，所以，在这种情况下，平台具有较强的谈判实力，银行与平台之间的合作协议达成。此时，双方将获得收益 $R_i(i=1,2)$。其中，R_1：平台与银行达成信用评价与信用信息共享业务的收益，R_2：银行达成协议后发放贷款将获得的收益。

（3）F2 与 B1 策略博弈结果。两者都能达成信用担保的共识，即双方有谈判基础，只是需要在损失分担方面进行进一步谈判。若企业违约了，平台和银行共同承担企业的违约损失，且按比例进行分担。设违约损失为 $C(C>0)$，平台与银行分担损失的比例为 $\beta_i(i=1,2)$。其中，$C\beta_1$ 为企业违约给担保公司造成的损失，$C\beta_2$ 表示企业违约给银行造成的损失。

假设以概率 K 为采用商品质押担保贷款，以概率（1 - K）信用担保贷款。则平台从担保中获得的收益为 $R_1-KC\beta_1$，银行收益为$R_2-(1-K)C\beta_2$。

根据上述假设可以得到电商平台为企业做不同形式的担保时与银行博弈的支付矩阵，如表 5 - 1 所示。

表 5-1　　电商平台担保与银行博弈支付矩阵

电商平台 \ 银行	B_1	B_2
F1	(L_1, L_2)	$(R_1, R_2 - C\beta_2)$
F2	$(R_1 - C\beta_1, R_2)$	$(R_1 - KC\beta_1, R_2 - (1-K)C\beta_2)$

二、演化博弈分析及数值仿真

演化平衡点稳定性分析

在对四种策略进行演化博弈分析之前，对策略选择的比例做如下假设：

（1）电商平台选择策略 F1 的比例为：p，选择策略 F2 的比例为 $(1-p)$；

（2）银行选择策略 B1 的比例为：q，选择策略 B2 的比例为 $(1-q)$。演化博弈分析的动态复制方程如式（5-6），

$$\begin{cases} \dfrac{dp}{dt} = p(1-p)[K\beta_1 C - (L_1 + R_1 + K\beta_1 C - \beta_1 C)q] \\ \dfrac{dq}{dt} = q(1-q)[(1-K)\beta_2 C - (L_2 + R_2 - K\beta_2 C)p] \end{cases} \tag{5-6}$$

经过求解计算，可以得到（0，0）、（0，1）、（1，0）、（1，1）、（p，q）五个平衡点。值得注意的是，这里必须满足不等式 $R_1 - KC\beta_1 > 0$ 且 $R_2 - (1-K)C\beta_2 > 0$，显然，在演化平衡点处，银行与电商平台的收益均大于损失。

计算演化博弈的雅克比矩阵如式（5-7）所示，根据演化博弈雅克比矩阵和符号的计算分析，得到该博弈的稳定性结果，如表5-2所示。

$$J=\begin{bmatrix}\frac{\partial\dot{p}}{\partial p} & \frac{\partial\dot{p}}{\partial q}\\ \frac{\partial\dot{q}}{\partial p} & \frac{\partial\dot{q}}{\partial q}\end{bmatrix}=\left\{\begin{matrix}(1-2p)[KC\beta_1-(L_1+R_1\\ +KC\beta_1-Cq\beta_1]-p(1-p)\\ (L_1+R_1+KC\beta_1-C\beta_1)\\ (1-2q)(1-K)C\beta_2-(L_2+R_2-KC\beta_2)p\\ -q(1-q)(L_2+R_2-KC\beta_2)\end{matrix}\right\} \tag{5-7}$$

表 5-2　博弈稳定分析结果

平衡点	DetJ 行列式	符号	Tr 迹	符号	均衡结果
(0,0)	$KC\beta_1(1-K)C\beta_2$	+	$KC\beta_1+(1-K)C\beta_2$	+	不稳定
(0,1)	$(L_1+R_1-C\beta_1)(1-K)C\beta_2$	+	$-L_1-R_1+C\beta_1-(1-K)C\beta_2$	−	ESS
(1,0)	$(L_2+R_2-C\beta_2)KC\beta_2$	+	$-L_2-R_2+C\beta_2-KC\beta_1$	−	ESS
(1,1)	$(L_1+R_1-C\beta_1)(L_2+R_2-C\beta_2)$	+	$L_1+R_1-C\beta_1+L_2+R_2-C\beta_2$	+	不稳定
(p_0,q_0)	$-\frac{(L_1+R_1-C\beta_1)KC\beta_1}{L_1+R_1-(1-K)C\beta_1}*\frac{(L_2+R_2-C\beta_2)C(1-K)\beta_2}{L_2+R_2-CK\beta_2}$	−	0		鞍点

（3）稳定性分析。由表 5-2 可知，该系统的演化博弈稳定点有两个：（0，1）和（1，0），分别对应于的是：（F2，B1）和（F1，B2）两种演化策略，即电商平台原意接受银行对其担保服务的所有要求（包括为企业提供质押担保），或者即使电商平台只提供信用评价服务，银行也愿意与平台进行合作为企业提供信用贷款。另外，演化结果还包括一个鞍点（p_0，q_0）和两个不稳定点（0，0）和（1，1）。相位图 5-3 描述了电商平台承担信用担保服务的动态演化

过程。折线 OHE 将博弈的结果划分为两种不同的收敛状态，且分别收敛于策略组（1，0）~（F1，B2）和（0，1）~（F2，B1）。（1）左上方 OFEH 区域内，系统演化收敛于（F2，B1）策略；（2）右下方 ODEH 区域内，系统演化收敛于（F1，B2）策略。

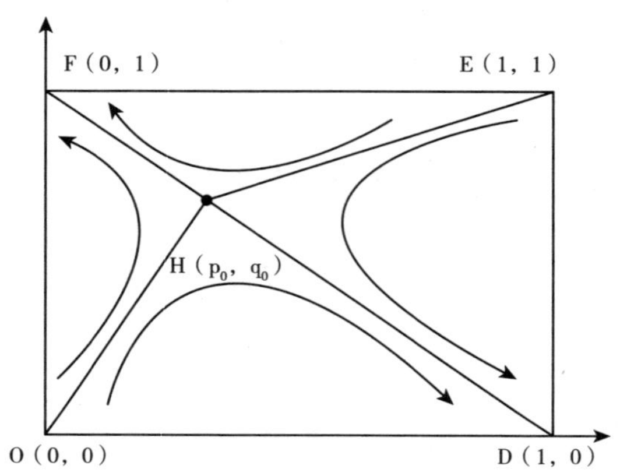

图 5－3　电商平台信用担保服务的动态演化过程

显然，整个系统最终收敛于哪个策略的稳定状态，取决于鞍点 H 的变动。因此，需要通过仿真实验来调整鞍点 H，观察鞍点变动时的系统的演化路径，然后，决定演化博弈的稳定策略。

三、结论

平台为企业承担信用担保的演化稳定结果有两种形式，分别对应于两种不同的演化策略：（F2，B1）策略表示交易平台愿意为其平台上的企业提供信用评价及信用担保服务而银行要求平台必须承担担保责任；（F1，B2）模式表示平台只为企业提供信用评价服务，而不提供担保服务，而银行对是否担保并不介意。这两种收敛策略验证了实践中的两种信用担保模式。（F2，B1）模式与传统借贷模式中的小额担保公司贷款类似，即交易平台就是一家担保公司，为其平台上企业提供担保服务。然而，（F1，B2）模式则与现在第三方交易平台与银行合作的无抵押纯信用贷款类似，由于掌握企业的信用信息，在合作方面，交易平台具有较强的议价优势，但是，由于传统金融机构对风险防范意识较强，这种模式的合作空间逐渐变窄，这也是促使银行、电商各自发展其网络借贷模式的一个原因。

目前，国内信用担保体系尤其是网络交易平台信用担保的制度规范还不够明确，电商平台在与银行的合作谈判中往往处于弱势地位。在传统信用担保模式下，银行通常要求担保机构将相当于担保规模的资金预先存入银行，这实际将银行的风险降低为0，而由担保机构承担100%的担保风险，对应的是（F2，B1）模式。而又如第三章提出的假设2：信用做为一种资本，有其相应的价值。在信用共享过程中，如果电商平台不能从银行获得预期的信用资本值，将会导致平台对信用信息共享概率降低，从而增加贷款风险。在银电合作中，电商平台一直处于谈判的劣势，长此以往，当电商得不到自己应得的收益，就会在信用信息共享方面有所保留，也可能导致其包庇平台上的企业而使银行不能对企业的信用行为做出准备致使银行承担高风险。另外，演化博弈中的（F1，B2）模式是完全基于网络交易平台的纯信用贷款，在这种模式下，电商平台不承担风险，还稳获收益，可能会使其对平台上的借款企业的审查不严格，引发电商平台的道德风险。在上述两种模式的极端情况下，要么完全由平台承担高风险，要么完全由银行承担高风险。

第三节 在线供应链借贷模型研究

一、问题的提出

近年来，随着互联网技术的不断提升，国内供应链管理也步入一个新的台阶，与供应链管理相伴而生的供应链融资问题也备受学者们关注。尤其是随着各个网络交易平台的发展，第三方物流企业的快速发展，使得供应链上供应商、采购商以及物流配送体系逐渐健全，以京东商城为代表，自建物流体系，有效地整合了平台上供应链关系，为平台及其企业开展在线的供应链融资提供了先决条件。2012 年 11 月底，京东商城与中国银行北京分行签署融资合作协议，为京东商城平台上的供应商提供在线的供应链融资服务，2013 年，京东商城推出自营式在线供应链贷款模式——“京保贝”，仅 2014 年 1 月，京东供应链融资规模就达 10 亿元，为平台近 3 万多家小微企业提供相应的融资服务。

在线供应链贷款是在供应链管理基础发展起来的服务于小微企业的一项动产质押融资服务，从某种意义上来说，它是一种建立在信用服务基础上的抵押贷款模式。本节将通过对传统融资模式以及在线供应链贷款模式具有代表性的——应收账款融资进行对比分析，找到在线供应链贷款中信用的作用机制及其发展优势，以期为丰富和发展第三方网络交易平台网络借贷服务提供一定的参考。

二、模型建立与博弈分析

本节将运用博弈论与信息经济学的分析方法建立分别对银行企业完全信息博弈、传统供应链金融模式下的银企博弈以及在线供应链贷款模式下银企网络借贷关系博弈建立适当的数学模型，对在线供应链贷款模式下的应收账款融资模式中存在的问题进行探索性研究，并对银企博弈均衡结果进行讨论。

（一）银行与小微企业的完全信息重复博弈

（1）模型假设。

小微企业为完成某一项目向银行申请贷款金额为 A，假设本项目成功概率为 $\theta(0<\theta<1)$，如果项目成功回报率 α，则小微企业项目

成本中银行贷款部分的期望收益为 $\alpha\theta A$，银行要求的贷款利息收益为 R，银行的检查、监督成本为 C，$\alpha\theta A-R>0$，$0<C<R$。为了计算方便，假设每一期具有相同的贴现率 $\sigma(0<\sigma<1)$。在此，设计了一个银行与小微企业之间的完全信息的重复博弈，该博弈的支付矩阵如表 5-3 所示。

表 5-3　银行与企业在线供应链的完全信息重复博弈支付矩阵

		小微企业	
		还款	不还款
银行	贷款	$\left(\frac{R-C}{1-\sigma},\frac{\alpha\theta A-R}{1-\sigma}\right)$	$(-(A+C),\alpha\theta A+A)$
	不贷款	(0，0)	(0，0)

（2）博弈分析。如果银行选择“贷款”策略，小微企业有两种策略选择“还款”与“不还款”，选择“还款”则小微企业的得益函数如式 5-8 所示。

$$\pi_{还款}=(\alpha\theta A-R)(1+\sigma+\sigma^2+\cdots\cdots+\sigma^n)$$
$$=\frac{\alpha\theta A-R}{1-\sigma} \tag{5-8}$$

如果小微企业选择“不还款”，银行只与企业完成一期的合作，未来银行将不再贷款给违约企业，则小微企业的得益函数为其第一期从银行获得的贷款与项目成功后的得益如式 5-9 所示。

$$\pi_{不还款}=A+\alpha\theta A \tag{5-9}$$

当式（5-8）>式（5-9），即 $\pi_{还款}>\pi_{不还款}$时，小微企业选择“还款”的策略。由 $\pi_{还款}>\pi_{不还款}$得，

$$\theta\geqslant\frac{R+(1-\sigma)A}{\alpha\sigma A} \tag{5-10}$$

如果小微企业选择“还款”策略，对银行而言，其最优策略为“贷款”。由式（5-9）、式（5-10）可知，当给定中小企业选择“偿还”战略时，对于银行来说，它自然会选择“贷款”战略，同时，小微企业项目的成功概率是银行是否贷款给其的依据，如果确定企业有

如式（5－10）所得的θ，那么就有（贷款，还款）这样一个完全信息博弈的纳什均衡产生。但是在实际生活中，由于银行与企业之间存在着信息不对称，对于项目的成功概率银行无法获得，这时候银行通常会选择“惜贷”，即：上面的完全信息重复博弈的纳什均衡难以出现。

（二）在线供应链贷款下银行与企业博弈分析

假设企业（A）是某B2C平台（C）上的供应商，向平台供货，该B2C平台自建物流供应体系。现有平台C向企业A采购一批产品，企业生产这批产品需要购买原材料，以及相应的其他生产资料。假设小微企业无自有资金、无其他可抵押的固定资产，需要向银行（B）申请贷款完成该项目。这时候，小微企业以这笔应收账款的债权作为质押物在银行（B）申请质押担保贷款，平台（即：该项目的债务企业）为其作反向担保（见图5－6），在这里，银行和网络交易平台是委托人，小微企业是代理人，下面通过多阶段博弈，对银行与小微企业的纳什均衡策略进行选择分析。

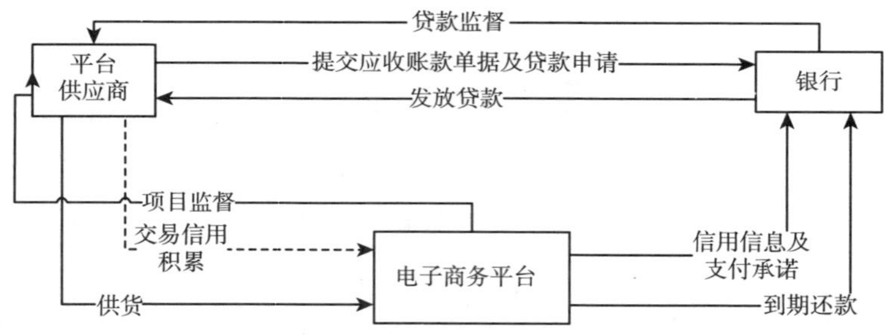

图5－6　在线供应链的应收账款融资流程图

（1）模型假设。对于平台上的小微企业而言，他可以选择银电合作的供应链融资，也可以选择不采用供应链融资，而采取其他的融资方式。为了进一步对在线供应链贷款模式进行分析，在此，假设平台上的小微企业有两种类型：一类是信誉好的企业，一类是信誉差的企业。设他们项目的成功的概率分别为θ_1、θ_2，从完全信息博弈信用的角度来看，两类企业项目的成功概率与其信誉水平相关；信誉好的企业，为了获得未来收益，并积累好的声誉，选择与银行及平台保持良好的合作关系，则其项目的成功概率应该为 $\theta_1 \geqslant \frac{A(1+\sigma)+R}{\alpha\theta A}$；对于信誉差的小微企业而言，“抵赖”是他本能的选择，那其项目的成功概率 $\theta_2 \leqslant \frac{A(1+\sigma)+R}{\alpha\theta A}$。

小微企业选择加入到在线供应链融资体系，并选择“应收账款”融资。由于平台掌握着小微企业的真实的商贸交易信息与平台对其作出的信用评价信息组成小微企业的信用信息集，在这个过程中，平台用企业的交易为其提供反担保，当小微企业项目失败违约，平台替企业承担违约责任，偿还贷款。对企业而言，交易平台替其反担保产生的费用为 F，由于平台与企业本身就存在贸易往来产生的借贷关系，所以反担保费用 F 可忽略不计，另外，企业违约成本为 L，指项目失败所造成的损失等。

针对以上的模型假设，建立如图 5－7 所示的扩展的完全信息博弈模型（注：每一组表达式，左边代表企业的收益，右边代表银行的收益）。

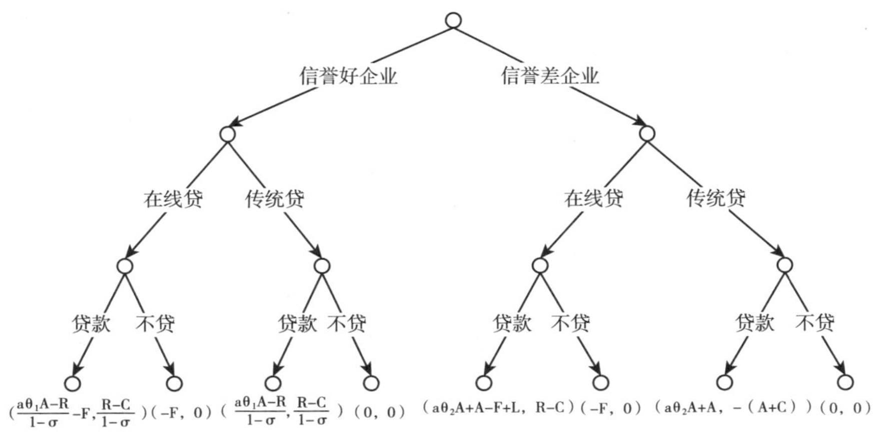

图 5－7　在线供应链银企博弈分析

（2）博弈分析。对于平台上的两种类型的企业，在第一次贷款申请时，银行无法判断企业性质，对于银行与企业有四种选择策略。企业与银行分别为：在线供应链贷，贷款；在线供应链贷，不贷款；传统贷，贷款；传统贷，不贷款。后两种策略相当于银行与企业直接融资的完全信息博弈，此处，不再单独讨论。

由于银行难以从企业的初始信息做出判断，只能通过平台进行识别，当平台提供了其与企业之间的真实贸易往来信息时，且为企业提供反担保，这种情况下，银行以企业信誉好坏做出评价，对于平台上的企业，只要选择在线供应贷，银行的策略就是“贷款”。即：（在线供应贷，贷款）是银行与企业在线供应贷博弈的纳什均衡策略。

【A】对于信誉好企业而言，无论是在线供应链模式还是普通模式，其都会选择“还款”做为最优策略，尤其对于平台上的小微企业本身就在供应链体系之内，为了得到未来收益，选择供应链融资模式不仅能缓解自身资金困难，还能与银行和电商平台同时建立重复博弈的合作关系，所以对于平台上信誉好的企业而言，应选择“在线供应链贷款”的策略。

【B】对于信誉差企业而言，由于其项目成功率较低，其违约几率较高，一旦违约，在线供应链模式下，会同时受到银行与平台双方的处罚，所以在“在线供应链贷款”和“传统贷款”模式两种状态下，是否违约是要对其两种模式得益函数进行对比。即：

$$\alpha\theta_2 A + A - F - L > 0 \qquad (5-11)$$

由式（5－11）可知，当 $L < \alpha\theta_2 A + A - F$ 时，信誉差的企业会选择“在线供应贷”，因为此时的得益大于“传统贷”时的得益。

从上面的分析可知，无论企业性质如何，“在线供应链贷”都是其最优选择。这与现实正好相符，因为对于银行而言，在线供应贷模式下，平台与其平台上的贷款企业是绑定关系，由平台为其做反担保，所以银行的信贷风险被转嫁到了平台或者说是供应链关系上的核心企业，贷款风险被分担。在这种情况下，无论企业性质如何，通过在线供应链贷款模式，首次都能够获得贷款，即得到一种混同均衡。

三、结论

从上述博弈假设可知，在线供应链贷可能会形成一种混同均衡。那么如何防范信誉差的企业，这就为平台提出新的要求，就是为了避免自身损失，需要加大对企业的监管力度，增强平台的信用评价体系建设，建立企业间良好的供应链关系。在线供应链得到良好发展还在于，网络借贷的信用机制：信用评价机制与平台内生的担保机制为其与银行合作创造了有利条件。本节利用信息经济学对在线供应链融资模式进行博弈分析，解释了在线供应链贷款是如何解决小微企业融资难问题的机理。在线供应链贷款作为第三方交易平台上的新型的融资模式，为小微企业融资开辟了新的渠道。

第四节　小　结

本章在前文对网络借贷模式及其信用机制理论分析的基础上，从基于第三方交易平台的网络借贷模式中找到三个主要问题应用博弈论的分析方法进行了深入研究。主要应用信用经济学的分析方法博弈论，对论文关注的几个研究问题：（1）网络信用评价体系对网络借贷企业声誉的影响问题；（2）“银行—电商”在网络借贷合作过程中的道德风险问题；（3）在线供应链贷款模式的作用机理问题。分别进行相关的博弈分析，以期能为基于第三方交易平台的网络借贷模式理论体系提供一些有益的补充。

第六章 网络联保贷款模型研究

“网络联保贷款”是第三方交易平台上最早期的一款贷款产品，在2007—2011年受到了业界和学界的追捧，但是在受到广泛关注后，该模式的研究在国内从“热”变“温”。然而，该模式的源生模式—联保贷款模式在国际上仍是研究热点，因推出该模式而获得诺贝尔奖的著名学者尤努斯在格莱珉银行分别推出了二代、三代产品。而网络联保贷款仍然沿用了传统模式。本章将结合国际发展状况对这一模式做进一步研究。

第一节　网络联保贷款的发展策略研究

网络联保贷款是一款不需要任何抵押的贷款产品，由3家或3家以上企业组成一个联合体，共同通过电子商务交易平台提交贷款申请，电子商务交易平台向银行提供企业信用报告和企业贷款申请的基于网络交易平台的企业进行联合贷款的融资模式。当联合体中有任意一家企业无法归还贷款时，联合体其他企业需要共同替他偿还所有贷款本息并承担连带责任。网络联保贷款借助于自我选择、电子商务平台推荐、团体甄别、网络信息披露、横向监督、社会担保机制成功实现了小企业融资创新，解决了影响小企业融资的信息不对称、信用体系缺位、银企借贷成本“双高”等问题，同时其依托互联网的优势，在模式评级、授信过程上都较为精简，小企业获贷的流程也更为精炼，真正满足中小企业“短、频、急”的资金需求特征，为解决我国中小企业融资难问题提供了一条借鉴之路。目前，这一模式主要由建行和工行推出。能承接这一贷款申请的电子商务平台有：阿里巴巴、全球通等。这一模式以它神话般的优秀还款率在2007—2012年受到业界的极力推宠。

网络联保借贷模式是否能够有效缓解小微企业的融资难题？它的成功需要什么条件？电子商务平台在此融资模式中的作用机制？本章

在对这种创新信贷模式进行考察的基础上，通过构建一个小微企业、银行以及电商平台的博弈分析的理论模型，分析和研究网络联保贷款模式的运行机理和发展方向。

一、问题提出

国外文献对于网络联保贷款的源生模式联保贷款（Group Lending)，有较多经典结论与实证研究。如：Stiglitz 通过模型论证了小组贷款有助于降低借款人的道德风险和贷款人的监督成本。Wydick（1999）的研究证实，内部监督机制的引入的确有助于解决借款人的道德风险问题。联保贷款作为服务于穷人的经典信贷产品受到全世界范围的推宠。在借鉴其成功经验的基础上，阿里巴巴与建设银行联合推出了网络联保贷款这款致力服务于我国中小企业的信贷产品。随之，国内学者也逐渐展开了与网络联保贷款相关的研究。如：吴义爽通过构造关联博弈结构得出网络联保贷款模式借助连带责任和网络信息披露机制，可以有效治理非对称信息下的中小企业融资中的机会主义行为，使得信贷市场实现分离均衡。江岚（2011）研究了网络联保贷款的还款激励机制，以阿里巴巴数据为例实证分析验证了网络联保贷款贷前的风险的自我匹配，即低风险贷款者选择低风险的借款者结成联保小组。黎日荣（2011）文中提出同伴筛选的结果是，具有相同风险类型的企业组成一组，而银行只需调查其中一个企业的风险类型就知道联合体的风险类型，大大降低了信息搜寻的成本。谢清河（2011)、晏妮娜等（2014）则通过建立模型对联保体成员规模进行了研究，提出在组团过程中应制定合理的联保体规模。戴夏晶（2014）通过模型证明，更密切的商业关系和更接近的社会属性能够降低违约率。潘天芹等提出银行开展联保贷款时都要进行重新评级授信，重复劳动使得成本提高，容易产生操作风险，通过阿里巴巴已建立的一整套信用评价体系与信用数据库，能帮助银行弱化贷款风险、约束成本并实施有效的贷中监督。冯钧（2011）认为在建立良好的企业网上销售诚信记录的基础上，迅速启动网络联保贷款实践是解决中小企业融资难的一个重要途径。

网络联保贷款是国内金融机构与电商平台联合推出的一款信贷产品，网络联保模式在实践中得到了快速发展，但其理论研究严重滞后于实践发展（冯钧等，2010）。国内学者对网络联保贷款的研究在不断增多，但国外对此款信贷产品的学术关注范围还不够丰富。现有网络联保贷款相关文献的研究多关注网络联保贷款的发展状况、实施成效和存在的问题。近期一些学者开始从理论层面分析联保小组的规模、有效性等问题，但对我国网络联保贷款模式的发展条件尚没有深入的研究。为此，本书应用动态博弈方法对比分析联保贷款和网络联保贷款，找到有利于网络联保贷款的内外部发展条件，为政府和金融机构进一步推动网络联保贷款模式的发展提出可行的方案与建议。

二、假设与模型

（一）情境设定

在网络联保贷款的整个实施过程中，存在三方利益相关的博弈主体，分别是提供贷款的金融机构银行，小微企业组成的网络联保体为借款方，还有提供网络平台来完成网络联保贷款的申请提交，为银行提供企业信用评价以及贷后企业违约信息披露的第三方网络交易平台，它们之间的相互关系如图 6－1 所示。它们有如下的属性：

（1）博弈三方都是有限理性的“经济人”，均追求自身利益最大化；（2）书中“小微企业”是指完全在电子商务交易平台上进行商业活动的小微企业，且为电子商务交易平台的诚信通会员；小微企业对自身盈利状况、资产负债情况等有清楚的认识，而银行无法获得其准确信息，银企之间存在信息不对称现象；拟加入或已加入联合体的小微企业之间存在着紧密的社会联系和互动，信息不对称程度很低；

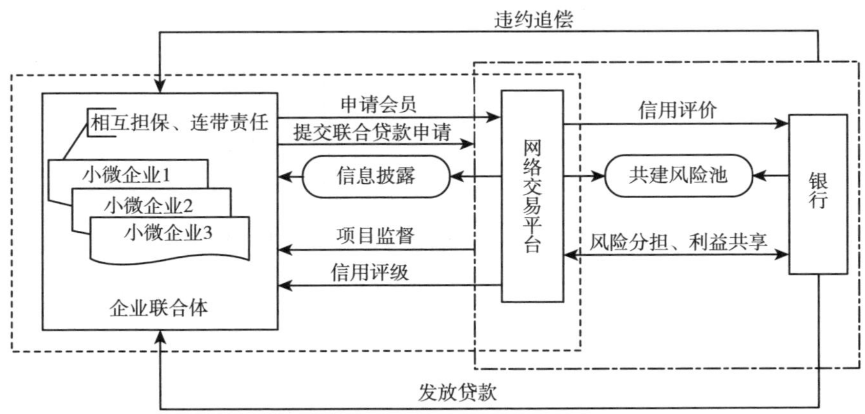

图 6－1　网络联保贷款博弈主体关系图

(3) 电子商务交易平台已建立了一整套信用评价体系与信用数据，对运营在其平台上的小微企业的基本信息、交易记录及经营状况有全面完整的数据信息；电商交易平台对其会员给予信用等级评价，并负责对联合体贷款过程中的经营项目运营状况进行实时监督；对违约企业进行“网络信息披露”；(4) 按时还款企业不仅会获取投资收益，还收获诸如“商誉”“诚信指数提升”等隐性非货币收益，而违约的企业将面临来自社会的惩罚，其惩罚的方式不局限于缴纳的担保金和银行对其“再贷款的完全限制”，还包括“失去社会联系和声誉”等方面的损失。

(二) 博弈假设

与传统的联保贷款模式不同的是，网络联保贷款模式中加入了电子商务交易平台，博弈对象由两方博弈变成三方博弈。另外，考虑方便模型描述，各变量有如下说明：下标 i，B，E 分别代表小企业、银行和电商平台，下标 J 和 NJ 分别代表联保贷款和网络联保贷款。为了理论模型分析上的方便，做出如下的假设：

假设 1：对借款企业的假设。为了研究简便起见，设电商交易平台上有 2 家企业，每家企业有机会投资一个固定投入为 A 的项目。企业均无初始资金用来投资项目，项目资金只能从银行贷款获得。投资成功后的收益分别是 $A_i(i=1,2)$，A_1 和 A_2 相互独立且 $A_1<A_2$。借款联保体按照借款金额的一定比例向银行提交保证金，设比例参数为 k。由于网络联保贷款中存在社会资本和电子商务平台对联保体的外部监督，因此，违约企业必然要受到惩罚，设惩罚值为 C，惩罚 C 的取值范围依据两家企业的违约行为 $C\in\{C_1, C_2\}$，C_1 项目成功企业只还自己的款，不替违约企业还款，和整个联保体违约而受的处罚；C_2 两家企业均不还款，整个联保体违约。此外，银行为激励企业还款，还会通过利率优惠、信用增值、增大贷款额度等方式对按时还款的企业进行奖励，设奖励大小为 D，奖励 D 的取值范围依据两家企业还款行为设定为 $D\in\{D_1, D_2\}$。D_1 指两家企业期末成功还款；D_2 指一家企业自己还款并替违约企业还款。

由于联保体的存在，对于整个联保体的还款和违约做如下设定：（1）两个企业都按时还款；（2）如果有一成员违约，联保体代为偿还。这两种情况都视为联保体还款。如果有成员违约，联保体其他成员不代偿，则整个联保体违约。

假设 2：对银行的假设。银行为整个联保体提供金额为 2A 的贷款，贷款利率均为 r，期末银行应得的本息和为 $2A(1+r)$。联保贷款模式下，银行需实地对企业进行信用及资产情况调查，调查及审批成本为 C_B；在网络联保贷款模式下，企业的信用报告完全由电商交易平台出具，银行根据电商平台的信用报告审批贷款，花费的费用为 f_B。

假设 3：对电子商务平台的假设。企业必须是第三方平台的会员才能通过第三方交易平台提交贷款申请，成为会员需要缴纳会员费为 f_i（固定值），银行需要向电子商务平台缴纳信息服务费为 f_B，电子商务平台上建立信用评价体系需要成本 C_E，由于电子商务平台为银行服务，为了平台的运营及发展必须要建立相应的数据库，所以与其让数据信息沉睡不如让其为对象服务，从此角度来看，电子商务平台进入网络联保贷款模式可以为自己的业务增值。故而在网络联保贷款企业违约后，电商平台为其提供信用平台报告行为承担一定的违约补偿，参数值 p。

（三）博弈过程分析

1. 博弈的时序

三方博弈过程如图 6－2 所示。

（1）小微企业组团向银行进行联保贷款申请。

（2）若企业选择以联保方式进行融资，要看企业是不是电子商务平台的会员，是，可以选择网络联保贷款融资模式，用下标 NJ 代表；不是，则选择联保贷款的融资模式，用下标 J 表示。

（3）无论是联保贷款形式还是网络联保贷款的形式，银行都有两种选择，放贷与不放贷。

（4）如果发放贷款，那么整个联合体就有两种选择，履约还款或违约处罚。根据图 6－2 所示的动态博弈树，不难得出对应于 4 个结点的三大博弈主体的具体收益函数如表 6－1 所示。

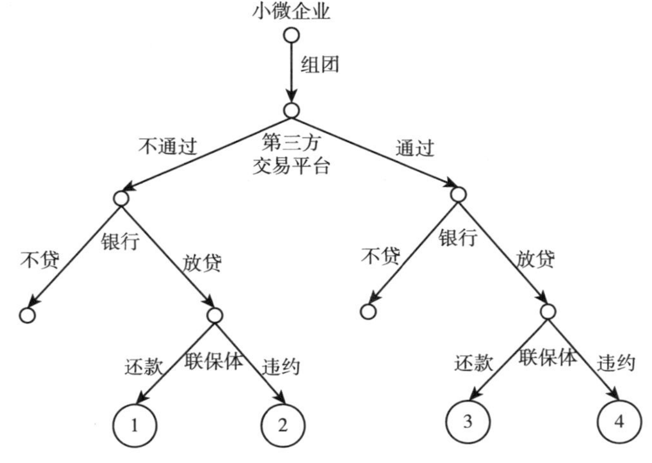

图 6－2　网络联保贷款三方博弈树

2. 博弈结果

联保体中的企业如果获得贷款并且投资项目成功，收益为 Ai，支付 A(1 + r) 给银行，如果项目失败，收益为 0，联保体中成员承担连带责任，为失败企业偿还贷款。如果联保体成员不愿意代替偿还，则整个联保体违约。基于以上假设，可知 A_1 比 A_2 风险低，违约概率低。故在此处，假设 A 投资成功，获得收益 A_1；A_2 投资失败，而选择违约。

结点 1 - 4 均存在企业两种情况，在文中关于奖励的设定中已经提到。结点 1.1、3.1 指两家企业均投资成功，并还款；结点 1.2、3.2 指企业 A1 还款，A2 违约，A1 替 A2 还款；结点 2.1、4.1 指企业 A1 投资成功还款，但未替 A2 进行代偿；结点 2.2、4.2 指企业均不还款。

表 6 - 1　　博弈主体收益函数表

结点 / 序号	联保体	银行	电子商务平台
1.1	$R_J = 2[Ai - A(1 + r_J)] + D_{1J}$	$R_B = 2A(1 + r_J) - C_B$	$-C_E$
1.2	$R_J = Ai - 2A(1 + r_J) + D_{2J}$	$R_B = 2A(1 + r_J) - C_B$	$-C_E$
2.1	$R_J = Ai - A(1 + r_J) - C_{1J} - kA(1 + r)$	$R_B = A(1 + r_J) + kA(1 + r_J) - C_B$	$-C_E$
2.2	$R_J = Ai - C_{2J} - kA(1 + r)$	$R_B = kA(1 + r_J) - C_B$	$-C_E$
3.1	$R_{NJ} = 2[Ai - A(1 + r_{NJ})] + D_{1NJ} - 2f_i$	$R_B = 2A(1 + r_{NJ}) - f_B$	$R_E = f_i + f_B - C_E$
3.2	$R_{NJ} = Ai - 2A(1 + r_{NJ}) + D_{2NJ} - 2f_i$	$R_B = 2A(1 + r_{NJ}) - f_B$	$R_E = f_i + f_B - C_E$
4.1	$R_{NJ} = Ai - A(1 + r_{NJ}) - C_{1NJ} - 2f_i - kA(1 + r)$	$R_B = A(1 + r_{NJ}) - f_B + (k + p)A(1 + r_{NJ})$	$R_E = f_i + f_B - C_E - pA(1 + r_{NJ})$
4.2	$R_{NJ} = Ai - C_{2NJ} - kA(1 + r_{NJ}) - 2f_i$	$R_B = (k + p)A(1 + r_{NJ}) - f_B$	$R_E = f_i + f_B - C_E - pA(1 + r)$

三、博弈结果分析

1. 信贷产品的选择分析

在整个市场上只有联保贷款和网络联保贷款这两种贷款产品的情况下，联保体选择网络联保贷款模式进行融资且银行和电子商务平台能主动推广网络联保贷款需满足下面的不等式条件：

$$r_J \geqslant r_{NJ} \tag{6-1}$$

$$C_B \geqslant f_B \tag{6-2}$$

$$f_i + f_B \geqslant C_E \tag{6-3}$$

$$D_{1NJ} - 2f > D_{1J} \tag{6-4}$$

$$D_{2NJ} - 2f > D_{2J} \tag{6-5}$$

$$C_{1NJ} + 2f < C_{1J} \tag{6-6}$$

$$C_{2NJ} + 2f < C_{2J} \tag{6-7}$$

首先，分析不等式式（6－1）与式（6－2）。一款信贷产品之所以吸引客户，利率上的优惠是最根本的原因，而让金融机构做出利率优惠的权力出让是有其先决条件的，如何解决中小企业与金融机构之间的信息不对称问题？

无论是传统联保贷款还是网络联保贷款其运行模式有多位学者通过理论推导、模型论证以及实证分析得出，这两种模式都有效地减缓了银企之间的信息不对称并降低了金融机构贷前、贷中以及贷后的审查、监督成本，所以联保贷款模式一直以其低利率、无抵押、高额度而受到中小企业的青睐。

网络联保即：企业联保＋网络信用（毕曙明，2011）。联保的特点是：联保体成员间相互担保、共同承担连带责任；电子商务平台特点是：通过多年的平台经营，已经建立了强大的客户资源和信用数据库。平台可以通过对客户实际交易数据和其他与信用相关的指标的分析和提取，为客户设立相应的信用等级，也即诚信信用指数标志

（戴夏晶，2014），作为企业贷款的信用担保保证。网络联保贷款具有网络平台来自联保体内的横向监督、共同担保，电子商务平台信用担保及实时监督，信息共享和社会惩罚等优势，再加上其内部治理与外部治理并进的机制，有效地缓解了传统银行信贷中的信息不对称问题。传统的联保贷款除了成员间的互助担保，对于金融机构而言，发放每一笔贷款都存在贷前调查、贷时审查和贷后监督等固定交易成本，这些固定交易成本随着融资规模的增大而下降，小企业的零售式的信贷需求形成了金融机构放贷过程中的规模不经济。电子商务平台的建立也需要付出成本，这一成本可理解为电子商务平台前期投入、运营、管理等方面的成本，具有固定成本的性质，不随后期使用电子商务平台企业数目的变化而变化，若银行使用电子商务平台的信用信息来进行需交费为 f_B，但是通过电子商务平台进行融资的企业逐渐增大，若有 m 个企业，则分摊到每家企业上的成本就变少了，形成融资过程中的规模经济（赵岳等，2012）。由上述分析可知，对于设立条件（1）、（2）的金融机构而言，满足，$r_J > r_{NJ}$ 和 $C_B \geqslant f_B$，是借贷双方及电商平台三方共赢的不二选择。金融机构选择第三方机构提供信用评价是促进发展小微企业融资可得性的有力保证（唐建新等）。从电子商务平台来看，已经投入的固定成本建立起的服务于网上交易的交易信用、卖家或买家等级评价体系，是已经付出的成本，把这些付出成本转换成其平台的增值服务是其在与金融机构合作中的最优选择，更说明了不等式（6－2）的显性成立。

接着，来看式（6－3）至式（6－7）。不等式（6－3）至式（6－7）主要是对企业选择网络联保贷款模式的条件设定。小企业作为网络联保贷款模式的三大主体之一是模式选择的决策者，其决策行为在整个过程中至关重要。从博弈结果来看，网络联保贷款应从形式上能够很好地激励行为主体的选择。本文前提条件已经假设，小企业是运行在电子商务交易平台上的企业。作为电子商务平台上经营的网商，普遍采用信息发布、网上洽谈等网络化的经营模式（吴樯等，2011）。这些企业是否通过电商平台融资，都需要向电商平台交纳一定的费用用于企业的自身业务发展和平台支持，选择加入诚信通会员或者向平台交纳一定的诚信保障金是客观存在的事实。电子商务由于交易方式灵活、业务处理高效，恰与小微企业“短、小、频、急”的融资特点相适应，显著降低了小企业的融资成本，在一定程度上减弱了小企业融资对传统金融的依赖，为小企业融资提供了新的出路（卢馨等，2014）。另外，无论企业选择线上还是线下联保贷款，传统银行融资需要提供相应的材料以及线下的联体成员之间的相互了解与调查程序均不能减省，通过网络反而加快了贷款申请与审批速度。由上推知，式（6-3）至式（6-7）式中的2f，在现实情况中，与企业可获得的激励与惩罚相比，可忽略不计。

由不等式（6-3）至式（6-7）得出结论：对联保体的激励与惩罚成为借款企业选择网络联保贷款极为重要的判定条件。当企业激励条件越优，处罚力度越小越能满足联保体成员的贷款需求。

2. 网络联保贷款的激励机制分析

若客户选择了网络联保贷款，下面就动态博弈结果来看其还款激励与违约处罚。由于 $A(1+r)$ 恒大于0，可知对企业1而言，在企业2违约的情况下，企业1选择违约要优于不替企业2还款的决策，从而之前的情况是完全排除。下面来考察银行、电子商务平台与联保体决策分析。如果要达到三方均衡收益，那最优的决策就是整个联保体选择还款，银行、电子商务平台均达到利益最大化。即满足如下的不等式条件：

$$Ai-2A(1+r_{NJ})+D_{2NJ}-2f_i>Ai-C_{2NJ}-kA(1+r_{NJ})-2f_i \tag{6-8}$$

$$2A(1+r_{NJ})-f_B>(k+p)A(1+r_{NJ})-f_B \tag{6-9}$$

$$f_i+f_B-C_E>f_i+f_B-C_E-pA(1+r) \tag{6-10}$$

分析式（6-8）~式（6-10）式可得如下的结论：

（1）由于对企业的激励和处罚 D_{2NJ}、C_{2NJ} 两者不可能同时出现，式（6－8）分解为以下两个式子。由式（6－8）可得如下结论：

$$D_{2NJ} > (2-k)A(1+r_{NJ}) \quad (6-11)$$

$$C_{2NJ} > (2-k)A(1+r_{NJ}) \quad (6-12)$$

由于 $A(1+r_{NJ})$ 恒大于0，从式（6－11）及式（6－12）得出结论：

【A】联保体的还款激励与违约处罚与联保体承担的担保金比例成反比关系。这个博弈结果与现实情况相符，联保体获得贷款后需要向融资机构提交保证金，保证金金额越高，联保体得到的贷款金额越小，履约企业除了要还自己和违约企业的贷款还要承担整个联保体的保证金损失，那么保证金金额越多，联体还款的激励越弱，这就需要设计合理的担保金比例。同理，一旦联保体违约，企业的担保金全部损失，高额的担保金弥补了银行的贷款损失，从而减弱了对企业的违约处罚，反比关系成立。

【B】联保体的还款激励与违约处罚与联保体成员规模成正比。上两式中的2正好是联保体个数，若联保体为n个企业，则不等式右边的参数为 $n-k$，联保体个数越多则分担的保证金就会越少，还款压力变小，激励变强；违约企业个数越多，意味着联保体成员违约加大；故而，要对联保体规模进行有效控制。

（2）由式（6－9）推出，$k+p<2(n)$，式（6－10）式是恒成立。得出以下两个结论。

【A】三方主体利益均衡时，联保体的担保金金额与电子商务平台的参数值与联保体企业个数相关。

【B】对于电子商务平台而言，监督并促进联保体还款是有利于其自身发展的。正如毕曙明（2011）文中所言，网络联保模式的成功，将使更多的企业加盟到电子商务平台，也会吸引更多的银行参与网络联保贷款业务，从而使电子商务信用平台的网络加大。同时，企业和银行自身的规模也随之壮大，形成了对应的网络外部性。

四、结论

网络联保贷款模式借助电子商务平台提供的信用评级指标评价企业信用、网络信息披露以及联保体成员间的连带责任、相互监督等机制间接提高了银企间的信息不对称。但是，网络联保贷款在经历其发展的高潮期后并没有持续其好的发展态势。网络联保贷款作为金融机构与电商平台联合开发的新型信贷产品，要使该模式得到持续发展，需在实践过程中，寻找制约和阻碍其发展的原因，对原有模式进行改进与设计是未来研究发展的主要方向。

本节在对国内服务于小微企业的网络融资新模式网络联保贷款运行机理研究的基础上，构建了基于三方博弈的理论分析框架，探究了网络联保贷款的发展条件，网络联保贷款中的贷后激励条件，讨论了网络联保体承担的担保金、联保体的成员规模之间的相互关系。电子商务平台信息采集成本的下降，在风险池中注资比例的增加，使用电子商务的企业数目的增多，均可推动电子商务平台在银企关系中扮演更重要的角色。

第二节　基于隐性责任的网络联保贷款模型研究

一、问题提出

网络联保贷款是传统联保贷款在网络交易平台融资的创新性应用。该模式在原有模式所依赖的连带责任、横向监督等机制的前提下，加入了“网络信用评价体系”和“网上信息披露”机制后产生基于第三方交易平台的网络借贷的新模式。这种模式始于 2007 年，以阿里巴巴与中国建设银行共同合作，推出后一度呈几何级数增长；

截至到2009年4月21日，阿里巴巴已支持银行业针对华东地区907家中小企业放贷18.8亿元。然而，2011—2015年，这种贷款模式受到其他网络融资模式的极大影响，发展态势不容乐观。

传统联保贷款的发展主要是联保企业基于地缘、亲缘等关系的连带责任机制来缓解银行在小额贷款方面所面对的逆向选择和道德风险问题，从而对企业的还款行为进行激励约束（Besley &Coate，1995；Yunus，1995；Ghatak，1999；Laffont，2003；Gangopadhyay，Ghatak & Lensink，2005；Guttman，2008）。网络联保贷款的贷款企业是电商平台上的会员企业，这些企业在网络环境中进行商业运营，并由其运营平台进行融资服务。由于网络的虚拟性和外部性，在电商平台上交易的企业来自于全国各地，即使贷款申请条件对联保企业间的地域进行了设定，也难以保证企业之间其他较为密切的具有约束力的关系。在这种情况下，连带责任机制不仅没有起到激励约束作用，反而出现如下问题：（1）企业组团难且易排除困难企业。网络联保中联保体的组建是联保成员相互考察，自愿组团的。按照博弈过程中的个体收益最大化原则，企业在选择组团成员通常会选择与自身企业规模和运营状况相当的企业，就出现了“强强联合“的现象，使得一些急需资金来改善经营状况且信用信息不够充足的企业被排除了。（2）恶意骗贷或集体逃债。网络交易平台的虚拟性，致使通过网络编造虚假信息成为可能，如果平台或贷款机构在贷前审核不严或者贷中监督不足就可能导致骗贷事件的发生。另外，联保贷款的连带责任，使得如果一家企业的违约程度过高，其他成员也无力为其偿还贷款时，就可能导致联保体内其他成员的集体逃债事件的发生。

（一）传统联保贷款模式演变

传统联保贷款模式演变的最主要特征就是“去除连带责任”。小额信贷服务中联保联贷借贷模式以其服务于穷人的宗旨持续受到业界和学术界的关注（Rai & Tomas，2010）。Besley & Coate（1995）提出连带责任约束可能会导致借款人还款压力的增加，因为成功的借款偿还者需要为其可能不成功（有些借款项目成功但隐藏真实信息）的借款同伴还款。另外，还有一种情况，一个借款人如果预计到他的借款同伴可能会项目失败而无法还款，这种情况下，即使借款人愿意并且能够偿还贷款，此时也会选择违约。Giné and Karlan（2014）他们对菲律宾的小额贷款机构进行了几个随机实验，实验内容是将团体贷款中的连带责任转变为个人责任，小组作为团体贷款的组织中心存在，其有义务对小组内单个借款人进行协助贷款，对贷款还款状态监督，对违约借款施加社会惩罚等，贷款发放和收回都以团体为中心。实验结果表明：这种转变并没有影响贷款的平均偿还率，反而有助于团体形式持续发展。

近年来，对小额信贷进行实验性研究的部分学者提出对于联保贷款中不再强调使用连带责任（Karlan & Giné，2007；Bhole & Ogden，2010；Giné & Karlan，2014）。尤努斯提出的格莱珉银行的第二代产品以及玻利维亚的BancoSol贷款机构都依旧选择团体贷款模式，但不再强调“连带责任”。目前尚不清楚是什么因素推动联保贷款的这种发展趋势，但是在某种程度上说明，“去除连带责任”的团体贷款这种趋势是存在的。这些现象已经引起人们对使用连带责任的成本和收益问题以及团体贷款要不要选择连带责任的问题的研究。

（二）网络联保研究现状

近几年，网络联保贷款这种网络融资模式受到不少学者的关注。

王利锋（2009）提出银企信息不对称问题是制约中小企业融资的原因所在，并在文中指出阿里巴巴网络联保贷款从信用评价、贷款三阶段审查以及“网络信息披露”三方面缓解了银企信息不对称问题。

吕士伟（2009）网络联保贷款模式通过将企业在银行的存贷信

用—银行信用与其在电子商务平台上的交易信用—商业信用进行整合，即：电子商务平台向银行提供其掌握的商业信用信息，从而缓解了银行对小微企业的信用信息掌握不足的困境，达到有效降低银行与小微企业之间信息不对称的目的。

潘天芹、范昱娟（2010）研究表明，由于阿里巴巴公司平台上进行商业运营的企业数量较多，所以平台掌握着这些企业大量的交易数据以及信用记录，这为解决银行与企业之间的信息不对称起到了积极作用，同时也有利于平台发展网络联保贷款模式。

梁红英（2010）网络联保贷款模式有效改善了中小企业与银行之间的信息不对称。

谢清河（2011）由于银行对第三方交易平台形成的交易记录存在不信任，在审核放贷时，还是严格采用传统的风险审查制度，这在一定程度制约了银行与电商平台的有效合作，同时还制约了网络联贷的发展；另外，联保体的经济同质性较强，容易导致风险连锁反应。

戴夏晶（2014）网络联保贷款将网络信息平台和贷款担保模式相结合，利用信息共享和信息流通，有效缓解了中小企业的融资困境。

晏妮娜、孙宝文（2014）提出，网络联保贷款模式下，应采取适当合理的联保体规模，同时还要对参与联保贷款的企业控制其融资额度，只有这样才能降低网络联保企业的违约风险。

从对联保贷款及网络联保贷款的国内外文献的研究现状来看，由于网络联保贷款模式产生于中国，发展时间并不长，所以国外对网络联保贷款的研究相对比较少。国内的现有研究也主要是从网络联保贷款的模式发展优势、模式的可行性以及模式的有效性进行了定性研究分析，但是就网络联保贷款模式制度安排中存在问题少有学者关注。

本章将在网络联保贷款模式中引入“隐性连带责任”制度安排，分析在这种制度安排下网络联保贷款中借款企业如何应用信任这种社会资本，并且在社会信任资本作用下，如何应用个人责任贷款来模仿甚至改进连带责任的制度安排以期达到提高网络联保贷款企业的还款效率和增加社会福利的目的。

二、无连带责任的网络联保贷款模型

（一）无连带责任概念界定

直观地说，即以团体组织的形式进行贷款，借款人只需要负责自己的贷款偿还责任而不需要负责其团体内同伴的贷款，当然如果借款人能够为同伴偿还贷款的情况下，社会资本效应将激励他的代偿行为。

在传统联保联贷情况下，严格要求了代偿责任。但是，由于网络的虚拟性和外部性，网络联保贷款在网络上实现横向监督变得困难，另外，通常企业（或个人）是不愿意为他人代偿债务的，连带责任机制加剧了网络联保贷款的逆向选择。所以，在网络联保贷款模式下，显性连带责任没有隐性连带责任那样的灵活性。从现有文献的总体印象来看，无论是个人责任模式还是连带责任模式，它们在增加社会资本方面有着平等的优势（Feigenberg，2013；Giné & Karlan，2014）。

本节建立的模型将重点讨论无连带责任（个体责任 RJ）和连带责任（EJ）两种机制下电子商务平台是如何创造信任这种社会资本在网络联保贷款模式中引起社会福利等参数变化的分析。首先，团体里的借款人一起申请贷款，需要相互沟通了解，在网络环境下团体的作用就是激励成员通过交易平台的制度安排（如：加入诚信通会员；淘宝商盟制度等）增加其对社会资本的投资。第二，维持团体制度安排是需要组织成员花时间在网络进行沟通，对彼此线上行为进行监督从而达到保证企业在网络上形成组织有效性的双重目的。

（二）模型的基本环境

银行对借款企业交易信息、经营项目等的验证成本较高，且是承担有限责任。电子商务平台了解企业的交易信息、交易记录，借款企业是第三方交易平台上的会员，并上缴会费。电子商务平台为企业提供商贸信息、信贷服务等与经营活动有关的增值服务。借款人是风险中性，其风险分布在（0，1）区间，借款人无任何储蓄，也无其他有限责任。借款人获得一个投资项目的机会，该项目每期需要1单位的资金投入，项目的期望收益为 $\bar{R}$。因此，每期都必须借1单位资金投资。有三种方式实现投资收益 $R \in \{Rh, Rm, 0\}$ 且 $Rh \geqslant Rm > 0$。每一种收益对应的概率分别是 p_h，p_m 和 $1 - P_h - p_m$。

根据环境约束定义如下公式：

$$p \equiv p_h + p_m \tag{6-13}$$

$$\Delta \equiv p_h - p_m \tag{6-14}$$

$$\bar{R} \equiv p_h R_h + p_m R_m \tag{6-15}$$

对相关参数作如下说明：p 代表贷款项目成功的概率；R 代表企业期望获得的产出。假设银行观测不到项目的产出，因此对于银行而言，与其相关的且能够了解的状态变量只有贷款是否按时偿还，即：假设借款人由于违约而合同中断，将再也不能从银行进行融资。在个体责任的情况下，如果借款人偿还了贷款，合同可以重新签订否则合同中断。在显性连带责任的情况下，当且仅当全部贷款偿还才能重新开始新的合同。在企业的生命效用期里，假设两个企业分享特殊的社会信任资本 S，这种社会信任资本能被可置信威胁破坏。把企业与团体中每个成员之间信任关系作为其具有终身效用的社会资本，这种社会资本一旦破坏就永远失去了。假设每个企业在平台上经营过程中建立了多家企业、平台和银行的信任关系，每个信任有关系的价值是 S。因此，网络交易过程中每有一笔违约交易就损失一个 S。

（三）研究的基本假设

1. 基本假设

（1）假设条件一：银行资金的机会成本为 $\rho>1$。在第一个阶段，银行与电商平台达成信息共享的协议，电商平台为银行提供观测到借款企业的社会资本值（即其所拥有的信用资本值）为 S，并与所有潜在借款人签订贷款合同。合同确定无论是连带责任还是个体责任贷款总利率为 r。假设该银行是一个非营利性贷款机构，为借款人提供福利最大化的贷款合同，零利润约束。

（2）假设条件二：虽然银行观测不到借款人的产出，但是，在本节中，假设其他借款人可以了解到其同伴的产出。因此，他们能够私下签订一个担保合同为其他人的产出做条件性的贷款担保。为了研究的简便性，制度安排上设定借款人小组成员为两个。

（3）假设条件三：一旦贷款合同确定，每一组借款人都必须遵守“偿还规定”每个成员偿还贷款的可能的状态为 Y：$Y\in\{R_h, R_m, 0\}\times\{R_h, R_m, 0\}$。那么，在每个时期，他们观察彼此的状态然后在还款过程中采用“动态博弈”来决定自己的还款行为。

（4）假设条件四：如果某一借款企业偏离了联保规定，将会受到社会惩罚：S。还款规定、社会惩罚和借款合同的责任结构三个变量确定了整个偿还博弈的支付函数以及借款企业之间的相互信任。

2. 贷款时序安排

总之，一旦银行进入并签订了合同，整个贷款过程时序如下：

（1）借款企业形成联保小组，并就偿还规则达成一致。

（2）贷款发放，借款人彼此监督并做还款博弈。

（3）条件性偿还，贷款合同重新修订或者是被中断，执行社会惩罚，通过网络披露违约信息。

（4）如果借款人的同伴因违约而合同中断，但是借款人本人的债务已经偿还，那企业不会被社会惩罚，仍然有机会再与新的企业进行重新匹配联合贷款，从而建立联保贷款成员的还款信心。

在此强调，企业的还款规则是固定的，即只考虑企业全部偿还和不偿还两种状态，而且偿还状态是对称的，（即不考虑借款企业的风险身份）。此外，假定借款人选择的还款的规则是最大化他们的共同社会福利。福利最大化是指在均衡的路径上从来都没有受过社会惩罚。因此，对联保体而言，又多了另外一个和社会资本有关的规则，即：有没有受到过社会惩罚。

3. 博弈

换而言之，尽管有许多关于偿还博弈的均衡定义，但是与社交相关的博弈定义如下：

（1）给定还款概率 π，银行的收益为：$\Pi = \pi r - \rho$。

前文已经定义过银行是非营利，零收益的。所以零收益情况下的利率为：

$$\hat{r} = \frac{\rho}{\pi} \tag{6-16}$$

（2）由于信息对称，所以每一个借款企业每一阶段都支付给银行 πr 的期望值。出现两种情境。

情境 A：当 $R_m \geqslant 2r$ 一个成功借款企业总是能够偿还所有的贷款。

情境 B：当 $R_h \geqslant 2r > R_m \geqslant r$，在这种情况下，让一个产出为 R_m 的借款企业去偿还所有贷款是不可行的。

（3）博弈推理：在现实生活中，对情境 2 的研究更具有意义。因为在这种情况下，企业使用连带责任贷款是有成本的。特别是在一个企业的产出为零，另外一个企业的产出为 Rm 的时候，连带责任导致借款企业均选择违约。因为这时候偿还贷款是不可行的，无论项目成功的企业还不还款，整个联保体都要受到惩罚。然而，在个人责任的情况下，项目成功的同伴只要偿还了自己的贷款就不会被处罚，那他一定会选择还款。

考虑情境 A。如果借款企业彼此担保，除了产出为（0，0）的情况，其余每种情况都将偿还贷款。因此，偿还概率为 $\pi = 1 - (1 - p)^2$，在这种情况下，利率 $\hat{r} = \frac{\rho}{p(2-p)}$。此时，如果 $R_m \geqslant \frac{2\rho}{p(2-p)}$，联贷联保是适用的。此时，即使项目成功的企业的产出为 R_m，他也会偿还全部的贷款。如果上述条件不被支持，那么成功的借款企业为同伴还款是不可能，此时，情境 B 是适用的。由上述分析得到如下的定义。

定义 1：当 $R_m \geqslant \frac{2\rho}{p(2-p)}$ 时，企业之间承担连带责任；当 $R_m < \frac{2\rho}{p(2-p)}$，团体贷款中的企业各自承担个体责任。

假设只有当借款企业均成功时，才会偿还贷款。即，两个企业的产出至少是 Rm，这种情况发生的概率为 p^2。如果这是均衡时候的偿还概率，那么利率 $\hat{r} = \frac{\rho}{p^2}$。可以做一个简单的参数假设确保这个值可能是最高的均衡利率（最低的偿还率），通过确保企业的项目产出为 R_m，可以保证借款企业的偿还率为 $\frac{\rho}{p^2}$。

假设 1：
$$R_m = \frac{\rho}{p^2} \tag{6-17}$$

也可以假设 R_h 足够大，项目收益为 R_h 的企业将提供全部贷款的偿还，即使在 $\hat{r} = \frac{\rho}{p^2}$。因此，这是最大的均衡利率，意味着只要 R_h 足够大，借款企业就会偿还全部贷款。

假设 2：
$$R_h = 2\frac{\rho}{p} \tag{6-18}$$

总之，所有的假设都必须保证在均衡情况下，$R_m \geqslant r$ 和 $R_h \geqslant 2r$。

用效用函数 V 代表借款人在获得贷款后实际获得的福利。假设借款人 A 偿还贷款的概率 π。还款规则是假定联保体的福利最大化的，由此可见，只要借款人只偿还自己的贷款就会迅速将贷款合同重新修订。那么对于借款人而言，将面对新的贷款和新的偿还概率 π。

假设银行非营利的，且0利润，则贷款利率 $\hat{r}=\frac{\rho}{\pi}$。因此，银行对借款人的偿还期望是 $\hat{\pi r}=\rho$。因此，得到借款人的总福利为：

$$V=\bar{R}-\rho+\delta\pi V=\frac{\bar{R}-\rho}{1-\delta\pi} \tag{6-19}$$

在给定的外部正式条件为零的情况下，对于任何借款人而言，其偿还贷款的意愿程度要满足以下条件：$-r+\delta V\geqslant 0$。换而言之，即未来获得的价值必须超过贷款的利率，即：$r\leqslant\delta V$。如果此条件不成立，那么所有借款者肯定选择违约。把这个条件设定为激励条件1，记为：IC1，也即在任何达到均衡的贷款合同条件都必须满足IC1。

假设IC1被满足，在借款人福利最大化时实现最高的还款概率是可能的。为了明确这一点，假设银行的贷款利率为r，借款人的福利 $V=\frac{\bar{R}-\pi r}{1-\delta\pi}$。当且仅当IC1满足的情况下，能够证明 π 增加了。因此，在均衡的时候 $\rho=\pi r$，后面将讨论合同的社会福利等级相当于还款概率的等级。

应用式（6－7）和 $\hat{r}=\frac{\rho}{\pi^{RJ}}$，推导出IC1的均衡条件：

$$\rho\leqslant\delta\pi\bar{R} \tag{6-20}$$

由假设1，最低的均衡还款概率 $\pi=p^2$。本文做出以下参数的理论分析假设在均衡时，确保IC1条件被满足。

假设3：$\delta p^2\bar{R}>\rho$。现在，应用建立的模型选择不同的合同类型进行分析。

（四）模型验证

本模型分别对联保体之间承担连带责任和不承担连带责任两种情况进行验证。在本书中，将上述两种责任形式分别命名为无连带责任记作：RL，连带责任记作：EL。

1. 无连带责任合同

首先，假设借款人不需要与合作伙伴达成还款的担保协议。因此，IC1 被满足，只要其投资项目成功，借款人就会自己偿还贷款，所以该企业的还款概率为 p，此次贷款获得的福利 $V=\frac{\bar{R}-\rho}{1-\delta p}$。

现在，考察 RL 借款人同意贷款合同安排下的还款担保。如果有这种情况发生，我们来观察合同中的“隐性”连带责任。目前，国内尚未有信贷机构使用这种模式。

由于要满足 IC1，所以借款人想要在还款规定上达成一致，需要最大化他们的还款概率。如果可能的话，当项目成功时，借款人不仅偿还自己的贷款还同意为联保体内项目不成功的同伴偿还贷款。

从研究假设中知道，借款人还款概率是与 IC1 条件激励兼容的。如果要对成功项目的借款人进行激励，使其能为其联合体成员代偿债务，激励兼容的条件是他所面临的社会惩罚将超过其代偿债务的成本，即：$r\leqslant\delta S$。由此，给出本节内容的第二个约束条件：对隐性连带责任的激励约束，记作：RJIC2。对于均衡利率 $\hat{r}=\frac{\rho}{\pi^{RJ}}$，根据模型假设可以推导得出 RJIC2：

$$\rho\leqslant\delta\pi^{RJ}S(RJIC2) \tag{6-21}$$

设 $\hat{S}^{RJ}$ 为隐性责任时，企业所拥有的信用资本值，在 RJIC2 条件下，对于 $S\geqslant\hat{S}^{RJ}$：

$$\hat{S}_K^{RJ}\equiv\frac{\rho}{\delta\pi_K^{RJ}},\ K\in\{A,B\} \tag{6-22}$$

在此处，K 代表相关的贷款情境。当 $S\geqslant\hat{S}^{RJ}$，对借款人来说这是可行的而且激励兼容的。这个贷款条件保证彼此的贷款，因此他们会这样做，因为这增加了还款概率，从而实现了共同福利。在 RJ 情况下，如果 $S\geqslant\hat{S}^{RJ}$，那么平台或者是银行的网络联贷贷款就会吸引借款人加入到这样的团体贷款中来。

接下来，分别分析情境 A 和情境 B 的情况下，均衡时的还款概率和贷款利率。

假设 $S \geqslant \widehat{S}^{RJ}$，

在情境 A：一个项目成功的借款人总是可以偿还贷款的，在这种情况下，还款概率 $\pi_A^{RJ} = 1 - (1 - p^2) = p(2 - p)$。

在情境 B：在（R_h，0），（0，R_h）两种情况下，无论何时，所有贷款偿还都是成功的。在（R_m，0），不能为其他借款人提供贷款偿还，因此他只偿还自己的贷款，而借款人 2 违约，下一个阶段，借款人 2 被新的同伴替换。因此，$\pi_B^{RJ} = p^2 + 2p^h(1 - p) + p^m(1 - p) = p + p^h(1 - p)$。在这里，$\pi_A^{RJ}$ 和 π_B^{RJ} 都比个人贷款的偿还概率 p 更高。银行能观测到情境 A 或情境 B 的应用，社区的社会资本值和在零利润情况下利率适当的个人贷款合同。个人贷款合同条件下，借款人的均衡福利：

$$V_K^{RJ}(S) = \begin{cases} \dfrac{\bar{R} - \rho}{1 - \delta\rho} & S < \widehat{S}_K^{RJ} \\ \dfrac{\bar{R} - \rho}{1 - \delta\pi_K^{RJ}} & S \geqslant \widehat{S}_K^{RJ} \end{cases}, K \in \{A, B\} \quad (6-23)$$

可以直接观察到，当社会资本值 S 从小于 $\widehat{S}_K^{RJ}$ 转变为大于 $\widehat{S}_K^{RJ}$ 或者等于它，同时，当 $\pi_K^{RJ} > p$，$V_K^{RJ}(s)$ 增长，即借款企业的社会福利得到增长。

2. 连带责任贷款合同

下面来分析连带责任贷款合同。在连带责任的情况下，为一组借款人提供这样的合同，除非这两个借款人的贷款均偿还，否则，未来两人都失去获得信贷的资格。这种合同形式的优点是，相互担保对借款人而言是额外的激励。然而，缺点是当借款人 i 成功而 j 不成功，可能会有如下情况发生，借款人 i 会偿还他个人责任下的贷款，即使他不愿意或者无力代偿，都必须承担连带责任。

就像个人贷款，借款人同意偿还规定。给一对借款人提供这样的合同，两人贷款都偿还，否则，双方在未来将失去信贷资格。由于这种选择可以最大化共同福利，但是由于连带责任，它将面临要么贷款都偿还，要么都违约，没有偿还贷款的动力从而导致了道德风险。由此，因为这个原因，就必须应用IC1，才有可能保证双方都偿还贷款，从而得到最大化他们的连带福利的目的。

IC1意味着当借款人在项目都成功时，他们将都会愿意偿还贷款。当借款人j偿还贷款失败时，需要考虑如何激励借款人i为其代偿债务。如果社会惩罚和合同中止的威胁高于代偿债务的成本，借款人i才愿意承担贷款的担保责任。公式化为：$2r \leqslant \delta(V^{EJ}+S)$ 本节中把这种情况称为，显性连带责任的激励约束条件，记作：EJIC2。重新安排贷款利率，用 $\hat{r}=\frac{\rho}{\pi^{EJ}}$ 代表，得出：

$$\rho \leqslant \frac{\delta\pi^{EJ}[\bar{R}+(1-\delta\pi^{EJ})S]}{2-\delta\pi^{EJ}} \qquad (EJIC2) \qquad (6-24)$$

从而得到连带责任情况下社会惩罚的阈值：$\hat{S}^{EJ}$，对于 $S \geqslant \hat{S}^{EJ}$，EJIC2得到满足。

$$\hat{S}_K^{EJ} \equiv \max\left\{0, \frac{\rho}{\delta\pi_K^{EJ}} - \frac{\delta\pi_K^{EJ}\bar{R}-\rho}{\delta\pi_K^{EJ}}\right\}, K \in \{A, B\} \qquad (6-25)$$

如前面所描述，此处K代表两种不同情境。

值得注意的是，此处 $\hat{S}^{EJ}$ 可以等于0。这个条件与Besley&Coate（1995）的基本情况一致，因为，即使没有任何社会资本，借款人可以通过诱导相互担保，这完全依赖于银行使用的连带责任激励了借款人之间的互相帮助，而在这种情况下，隐性连带责任则完全不适用的。

条件 $S \geqslant \hat{S}^{EJ}$，使得借款人愿意为彼此债务做偿还担保。还款规定中也将指定当借款人j项目失败的时候，借款人i愿意为借款人j偿还其一半的贷款。如果 $S < \hat{S}^{EJ}$，借款人将不能做出如上的担保保证。因此，只有他们项目均获得成功时才能完成所有债务偿还。

下面，推导每种情况下的均衡还款概率。首先，if $S < \widehat{S}^{EJ}$，当两个人的借款项目都成功才能完全偿还债务。因此，无论什么情况，都有 $\pi^{EJ} = p^2$。

假设 $S \geqslant \widehat{S}^{EJ}$，在情境 A 中，即：至少一个借款人收入不低于 R_m 就可以偿还贷款。因此，偿还概率是 $\pi_A^{EJ} = p(2-p)$。在情境 B 中，收入为 R_m 是不足以偿还所有贷款的。因此，除了（0，0），（R_m，0），（0，R_m）的情况，其他情况贷款都可以完全偿还。因此，偿还概率是 $\pi_B^{EJ} = p^2 + 2p^h(1-p) = p + \Delta(1-p)$。

在这种情况下，借款人获得的福利为：

$$V_K^{EJ}(S) = \begin{cases} \dfrac{\bar{R} - \rho}{1 - \delta p^2} & S < \widehat{S}_K^{EJ} \\ \dfrac{\bar{R} - \rho}{1 - \delta \pi_K^{EJ}} & S \geqslant \widehat{S}_K^{EJ} \end{cases}, K \in \{A, B\} \tag{6-26}$$

显然，$\widehat{S}_A^{EJ} \leqslant \widehat{S}_B^{RJ}$，在情境 A 中贷款利率比较低而社会福利 V 也会更高一些。续签合同的概率也会比较高，因此，合同中断的威胁更有效。

定义 $V(S) \equiv V^{EJ}(S), V^{RJ}(S)\}$ 作为获得贷款的最大福利。观察发现，获得贷款后随着其社会资本 S 的增加，借款人的还款概率和社会资本、福利都逐步增加了。

三、结论

在本节中，主要集中在两个非常简单的责任机制的研究。借助于金融经济学方法建立数学模型对本书第三章第三节提出的假设 3 进行了验证并得到如下结论：当可依赖信用资本较高时，可以用来改进网络联保贷款模式中原来依附的连带责任机制，建立去除连带责任的网络联保贷款模式，然而，只有提供给借款人足够的信用资本，去除连带责任的这种安排下贷款模式执行力才能很好。

由于网络的虚拟性和外部性，在网络上实现横向监督变得困难，连带责任机制加剧了网络联保贷款的逆向选择。但是，在网络信用评价机制和网络信息披露机制的共同作用下，即使不采用连带责任，当企业违约时其信用资本的惩罚已经趋于最大化，在这种情况下，设计去除连带责任的这种制度安排更加有利于（网络联保）贷款的发展。

第三节　小　结

本章的研究是基于作者对网络联保贷款模式从“热”变“温”的好奇所引发的研究兴趣。通过对传统联保贷款与网络联保贷款的相关研究发展分析，分别建立了基于动态博弈的网络联保贷款发展策略模型与基于隐性连带责任的网络联保贷款模型。通过这两个模型的研究发现，网络联保贷款是第三方交易平台与传统联保贷款相结合的产物，但在发展过程中，应该充分考虑贷款模式的运行环境对模式的制度安排加以改进，才能促进模式的进一步发展。

第三方交易平台的
网络借贷模式及
其信用机制研究
Chapter 7

第七章 结论与建议

第一节　研究结论

本书获得的研究结论体现在“网络信贷模式—网络借贷模式运行机制—网络信用机制”这样一条主线上延伸出的理论研究框架体系中。通过对运行机制的研究得出：企业在电子商务平台的交易信用积累为其提供了信用资本，这些信用资本又通过网络信用机制中的信用评价机制、信息共享机制、网络信息披露机制以及声誉机制等信用机制发挥出其在借贷过程中的积极作用。

本书通过应用信用及信息经济学的相关理论知识和博弈论的分析方法并结合图形工具对基于第三方交易平台的网络借贷模式、运行机制及其信用机制进行了深入研究。主要结论如下：

第一，通过电子商务交易模式分析，结合其他学者对基于第三方网络交易平台的网络借贷模式分类，提出本书分类形式，即：按照抵押方式、担保方式以及贷款资金来源对网络借贷模式分成三个大类：网络信用贷款、网络担保贷款和在线供应链贷款。

第二，在模式分类的基础上对其运行机制进行深入研究，得出交易信用积累在整个运行过程的重要性，同时得到来自电商平台的对交易信用的信用评价体系构成了网络借贷模式的信用机制。并提出网络借贷模式信用机制的组成要素“信用评价机制、信用共享机制、网络信息披露机制和担保机制”共同作用有助于提升企业信誉。

第三，通过数理建模论证了信用评价体系有效地防范网络借贷的道德风险。

第四，本书主要通过建立博弈分析模型得出如下结论：（1）网络信用评价机制对企业声誉有着极为重要的影响力；（2）银行与电商平台合作的担保贷款中，电商平台为企业提供信用担保，银行与电商平台最佳合作均衡策略是“利益共享，风险分担”。并在演化博弈分析中给出了一个风险分担的大概范围值。（3）基于在线的供应链贷款模式借助于电商平台的信用信息与反担保机制为小微企业开辟了新的融资渠道。（4）通过对网络联保贷款的三方博弈分析，对联保体激励约束条件、电子商务平台收到的担保金比例等问题给出相应的结论。

第五，借助于金融经济学方法建立数学模型验证得到如下结论，当可依赖信用资本较高时，可以用改进网络联保贷款模式中原来依附的连带责任机制，即：去除连带责任。因为网络信用评价机制和网络信息披露机制的共同作用，即使不应用连带责任，当企业违约时其信用资本的惩罚已经趋于最大化，在这种情况下，去除连带责任的制度安排反而更加有利于网络联保贷款的进一步发展。

从银行与电商平台合作一起为小微企业进行融资服务的各种新型借贷模式中得到如下的启示：解决小微企业的融资难问题，关键在于解决银企之间的信息不对称，对于信用信息比较缺乏的小微企业而言，解决银企之间的信息不对称，关键又在于建立完善的小微企业的信用评价体系。因此，如何在全社会范围内建立完善的小微企业信用评价体系，拓宽信用信息的甄别渠道，对于缓解小微企业的融资难问题具有重要的现实意义。

第二节　政策建议

一、发挥“网络信息披露”优势，建立更加有效的网络惩罚机制

第三方交易平台的网络借贷模式的信用机制之一就是“网络信息披露”制度。要想使“网络信息披露机制”发挥其效用，就必须让网络发挥其信息传输功能，才能达到对违约企业的有效惩罚。只有互联网或者电子商务平台的网络信息辐射力度足够大，才能让违约企

业信息传输发挥效力。这就需要，首先，加大互联网平台之间的信息沟通与交流，通过联手合作，一起来披露企业的违约信息；其次，提供“网络信息披露”的平台可以仿照中国人民银行建立的企业与个人的网络交易的信用服务系统，例如：建立永久的“违约企业及其企业主的相关信息数据库”，在不违反隐私保护的情况下，依照一定的法律法规为需要相关信息的社会各界提供相应的信息查询服务。再次，还要建立更加全面的“企业主及其企业的机构代码信息数据库”，将此数据库信息共享给各大电子商务门户网站，数据库精确的企业信息及信用等级将为企业在选择生意伙伴时提供一定的参考标准，同时，也能增强企业对其网络信用信息的重视力度。目前，在各大交易平台上提供的违约信息披露的方式主要是对违约企业的违约信息在交易平台单条逐一进行罗列，这种方式对于查询企业信息的使用者来说，非常不方便。如果像上面所建议的建立相应的企业信息数据库，为信息使用者提供信息查询和检索的有偿服务，既方便了信息使用者，也更加有助于增强电子商务平台建立企业数据库的动力。最后，建议上述数据库应该由银行与电子商务平台进行共建，并由政府进行监管，进一步确保企业信息的真实有效性。

二、强化借贷风险防范意识，落实信贷风险责任追究机制

虽然第三方交易平台的网络借贷融资通过应用平台上的网络交易信用评价体系、平台担保以及在线的供应链关系从一定程度上缓解了银行与小微企业之间的的信息不对称，为小微企业拓宽了融资渠道。然而，由于网络的虚拟性以及外部性，网络信用贷款对于贷款机构而言仍旧是一种风险较高的贷款产品。首先，任何企业在经营过程中本身就存在经营项目失败的风险，而项目成功与否又直接决定企业的还款能力和还款意愿。仅凭借交易数据模型并不能完全判断企业的风险程度，这时就需要贷款机构的信贷人员能从宏观上对行业的风险因素

等进行判定，而不能只简单地依靠大数据模型。另外，企业的还款意愿还取决于企业的违约成本，由于网络信用贷款不需要提供抵押品，当违约成本较低时，还会导致企业降低其还款意愿，从而出现策略性违约发生。因此，在贷款审批过程中，就需要信贷人员除了依据模型，还要根据相应的数据信息认真细致地对企业主的人品、企业的经营能力等多个方面对企业的还款能力和还款意愿进行判断。所以在审查阶段，除了使用网络信用评价模型外，还要进行实地调查取证，才能详尽地掌握客户的真实资料。最后，建立全面的贷款机构的信贷人员联网系统。在网络贷款模式下，信贷人员与客户的关系也很难进行确认，合谋骗贷的事件也不免发生，实行信贷人员终身负责制，既可以提高信贷人员的贷款审批能力和责任心，也能有效加强了网络借贷风险的防范。

三、大力发展第三方交易平台网络贷款模式，引进网络交易平台借贷竞争机制

第三方交易平台的网络贷款是由电子商务平台与银行进行合作，电子商务平台在银行与企业之间扮演“桥”的角色，通过平台搭建银行与企业之间的借贷信息的桥梁。由于有许多的中小微企业或者个体工商户在网络交易平台进行交易，所以平台拥有众多的企业用户，为了保障网络交易真实高效进行，平台通常都会要求企业注册成为平台上的会员，因此，平台不仅掌握企业的基本信息还掌握着这些企业大量的诚信交易记录。与银行相比，电子商务平台对这些企业有着更加全面的了解和认识，所以，电子商务平台在企业和银行之间充当了“信息中介”，平台对解决银行与借款企业之间的信息不对称问题起到了积极的作用。另外，在电子商务高速发展的今天，有很多像阿里巴巴一样实力雄厚同时还掌握着大量企业经营信息的电子商务平台，如京东商城、慧聪网、网盛生意宝等电子商务交易平台。然而，现在第三方网络借贷模式的发展过程中，除了阿里巴巴一家独大，其他交

易平台也与银行合作开展了一些信贷模式，但是规模不是很大，政府应该制订相应的的政策来鼓励第三方交易平台网络融资模式在网络交易平台上的进一步推广。让更多的网络交易平台加入到小微企业的网络融资服务中，不仅可壮大电子商务平台上企业信用的积累，还可以使之与阿里巴巴形成竞争，改善一家独大的局面。另外，银行与网络交易平台合作的网络融资模式不仅能够优化社会资源的有效配置，还能够把解决小微企业融资难问题范围从传统模式扩大到网络模式，从线下模式扩大到线上模式。最后，随着电子商务交易规模的不断扩大，会有越来越多的网络上小微企业有融资的需求，也就需要有更多的银行加入到网络贷款的行列中来。随着第三方交易平台的网络借贷模式的发展的日趋成熟，相信会有越来越多的银行和平台发展拓宽融资模式来满足小微企业的融资需求，并为小微企业提供更多的服务和更优惠的政策。最终形成银行、电子商务平台以及小微企业之间互惠互利的“三方共赢”的局面。

四、基于大数据与云计算技术，开发网络贷款模式服务推荐系统

随着电子商务的飞速发展，第三方交易平台上积累了海量的企业注册信息、交易记录以及交易的信用记录，银行通过与电子商务平台合作推出的网络贷款，以第三方交易平台向银行提供企业的信用记录作为合作的基础，银行在贷款审批过程中，通过第三方交易平台方便的获得企业的相关信息，再将企业的网络信用评价记录作为企业贷款申请的一个考核标准，并将其与银行中关于企业的“银行信用”进行整合，就可以建立更加完善的企业信息数据库。在合作过程中，最为重要的是交易平台为银行提供数据的精准性和有效性。

在互联网技术高速发展的今天，网络交易平台利用大数据强大的数据处理能力和云计算强大的计算能力，以最快最高效的方式从平台上提取和挖掘有价值的企业信息，并根据挖掘的信息对企业的相关问

题进行建模计算。例如，根据企业的信息对其进行针对性的贷款需求及贷款模式推荐，为其提供适合的融资产品，同时也提高了银行在贷款服务方面的营销水平和效率；特别地，针对网络联保贷款企业组团难的问题，建立企业贷款信息配对系统，根据企业在数据库中的信息，对提出联保贷款的企业建立组员推荐系统，推荐系统将根据一定的组团规则，比如：企业注册地、资产与项目运营情况以及企业的贷款需求等相关信息，应用数据库技术对相似需求的企业进行组团推荐，通过第三方交易平台的推荐技术，一方面节省了企业寻找组团成员的成本，促进企业组团的效率，另一方面，通过平台的推荐系统担保，降低了银行贷款风险。

五、加强第三方交易平台的网络融资服务的配套机制建设

第三方支付手段的丰富发展，以及电子商务交易规模的日益增大都为交易平台上的企业提供融资服务提供了充足的条件，在第三方交易平台上发展网络借贷服务，不仅能够推动网络小微企业的发展，也对电子商务生态环境建设具有举足轻重的作用。另外，银行作为金融生态体系中的一个重要环节，在承担解决网络小微企业融资难问题上有着先天的不足。要想解决网络上小微企业的融资难的问题，就需要政府、金融机构以及网络交易平台共同努力，通过多方合作，对第三方交易平台的网络交易以及网络融资的机制进行综合建设，从而推动电子商务交易平台的生态系统建设。

第三节 研究不足及展望

一、研究不足

目前关于第三方网络交易平台的网络借贷模式的研究较多，但对

其内在的信用机制的研究较少。所以，本书具有一定挑战性。

1. 因网络借贷涉及平台对企业的隐私保护等，数据的获取上有一定的难度。虽然本书对研究的一些理论假设做了方法上的验证性研究，但对于结论的实证验证研究是本书的最大的不足之处。

2. 对网络借贷模式中的信用机制问题研究还不够深入。互联网技术的迅速发展，基于第三方交易平台上的网络借贷模式的更替也比较快，三年前实践中应用较好的模式三年后就可能会被另一种模式所代替。但是，困扰小微企业融资难的最大问题就是信用问题，仍旧值得深入研究。

3. 本书对在线供应链贷款模式对其运行机制及所依赖的信用机制只做了简要理论分析，对其存在的问题没有做深入的探究。

另外，囿于本人的学术水平和时间的限制，研究中还存在许多不足，有待以后对本书的不尽如意之处进行进一步的完善和拓展。

二、研究展望

基于以上对本书研究不足之处的分析，本书的后续研究将在以下几个方面进行完善。

第一，基于第三方交易平台网络借贷模式的实证性研究。未来研究将逐步深入到银行与电商平台内部对其所推出的融资模式的实践结果进行深入研究，通过实证分析来验证理论假设，完善基于平台的网络融资理论研究体系。

第二，网络借贷模式及其制度安排改进性的研究。第三方交易平台的网络借贷模式的网络信用评价体系、平台担保机制以及网络信息披露机制等有效地降低了银行与企业之间的信息不对称，但是银行所面临的小微企业的融资风险依然存在，电商平台给出的交易信用与银行信用整合后，是否能准确和真实反应企业的信用水平和企业在融资中的还款能力和还款意愿等问题都需要进一步的通过实证研究来验证。而且，有些网络借贷模式的制度安排也应随着互联网技术的发展，进行更适应市场规律的改进性研究。

第三，在线供应链贷款研究。在线供应链贷款包括电子订单融资、应收账款融资、保理融资等，是一个较为复杂的研究方向，作为基于第三方交易平台的网络借贷模式中的一种重要形式，在未来可作为一个新的研究方向进行深入挖掘。

参考文献

[1] 安彬，何海燕．神经网络视角下传统制造业集群内小微企业融资机制研究 [J]. 生产力研究，2012 (10): 216 - 219.

[2] 白马鹏．供应链金融服务体系设计与优化 [D]. 天津大学，2008.

[3] 巴曙松，谌鹏．"三马" 聚首互联网金融，有点看头 [J]. 商界，2012 (10): 30 - 30.

[4] 毕曙明．网络联保的路径 [J]. 经理人，2012 (6): 86.

[5] 陈国进，林辉，王磊．公司治理、声誉机制和上市公司违法违规行为分析 [J]. 南开管理评论，2005 (6): 35 - 40.

[6] 陈勇，刘晓芬，李波声，等．电商金融征信与电商小微企业发展相关性研究——阿里金融征信模式分析及启示 [J]. 福建金融，2014 (12): 62 - 66.

[7] 陈志新，张忠根．供应链网络治理与供应链金融发展 [J]. 经济学家，2011 (4): 78 - 81.

[8] 崔云申，刘国明，张静，等．借鉴日本发展中小企业的经验 促进民营经济快速发展 [J]. 河北经济研究，2004 (6): 38 - 40.

[9] 戴东红．互联网金融对小微企业融资支持的理论与实践——基于小微企业融资视角的分析 [J]. 理论与改革，2014 (4): 91 - 96.

[10] 戴夏晶．基于 Logistic 回归模型的网络联保贷款影响因素

分析［J］. 企业经济，2014（4）：93－97.

［11］段姝. 中小企业产业集群融资内生信用生成机制研究［J］. 财会月刊，2011（21）：44－46.

［12］樊纲. 发展民间金融与金融体制改革［J］. 上海金融，2000（9）：4－6.

［13］范黎波，贾军，贾立. 供应链金融模式下中小企业信用风险评级模型研究［J］. 国际经济合作，2014（1）：90－94.

［14］方晓霞. 我国互联网金融的模式，问题与对策［J］. 中国经贸导刊，2015（5）：12.

［15］冯钧，熊学发，徐佳佳. 发展网络联保信贷缓解鄂西北中小企业融资之渴［J］. 武汉金融，2010（1）：28－29.

［16］高俊宏. 互联网思维下的供应链金融模式探讨［J］. 企业导报，2015（21）.

［17］龚坚. 供应链金融的银行信用风险——基于开放经济视角的研究［D］. 西南财经大学，2011.

［18］郭辉. 中小企业网络联保贷款的机理分析［J］. 时代金融，2011（14）：82，84.

［19］郭菊娥，史金召，王智鑫. 基于第三方 B2B 平台的线上供应链金融模式演进与风险管理研究［J］. 商业经济与管理，2014（1）：13－22.

［20］郭忠金，林海霞. P2P 网上借贷信用机制研究——以拍拍贷为例［J］. 现代管理科学，2013（5）：171－171.

［21］龚坚. 供应链金融的银行信用风险［D］. 西南财经大学，2011.

［22］郭志光. 电子商务环境下的信用机制研究［D］. 北京交通大学，2012.

［23］胡海青，张琅，张道宏. 供应链金融视角下的中小企业信用风险评估研究——基于 SVM 与 BP 神经网络的比较研究［J］. 管理

评论，2012，24（11）：70－80.

[24] 胡跃飞，黄少卿．供应链金融：背景—创新与概念界定①[J]．财经问题研究，2009.

[25] 黄国平．P2P 网络借贷风险管理的途径 [J]．金融时报，2014.

[26] 黄国平．模式“异化”的网络借贷风险管理与监管 [J]．财经问题研究，2015（11）：40－47.

[27] 黄健．供应链金融中的信用评价模型研究 [J]．市场经济与价格，2015（3）：51－55.

[28] 黄海龙．基于以电商平台为核心的互联网金融研究 [J]．上海金融，2013（8）：18－23.

[29] 侯赟慧，杨琛珠．网络平台商务生态系统商业模式选择策略研究 [J]．软科学，2015，29（11）：30－34.

[30] 贾生华，吴波．基于声誉的私人契约执行机制 [J]．南开经济研究，2004（6）：16－20.

[31] 江岚．网络联保贷款偿还激励机制研究 [D]．浙江大学，2011.

[32] 梁红波．云物流和大数据对物流模式的变革 [J]．中国流通经济，2014（5）：41－45.

[33] 梁红英．中小企业融资新模式：网络联保贷款 [J]．会计之友，2010（14）：73－74.

[34] 梁媛．基于共同体理论的网络联保融资机制研究 [D]．天津理工大学，2013.

[35] 李蓓蕾．电子商务环境下的信用机制研究 [J]．品牌，2014.

[36] 李更．互联网金融时代下的 B2C 供应链金融模式探析 [J]．时代金融，2014（1Z）：67－69.

[37] 李毅，向党．中小企业信贷融资信用担保缺失研究 [J].

金融研究，2008（12）：179－192.

［38］李志强．小微企业融资难题与信息化对策［J］．当代财经，2012（10）：80－81.

［39］李耀华，黄馨．信息不对称，商业模式创新与中小企业融资——基于阿里巴巴金融服务模式分析［J］．吉林工商学院学报，2014，30（3）：61－64.

［40］李明贤，罗荷花．信用缺失、融资激励与小微企业发展［J］．云南财经大学学报，2013（4）.

［41］李维安，吴德胜，徐皓．网上交易中的声誉机制——来自淘宝网的证据［J］．南开管理评论，2007，10（5）：36－46.

［42］李浦生．网络微小企业贷款信用评价体系研究［D］．浙江大学，2011.

［43］李容成．小微企业的信用机制缺陷［J］．中国金融，2012（10）：94－94.

［44］黎日荣．中小企业网络联保贷款优势的一种理论解释［J］．浙江金融，2011（6）：76－80.

［45］黎日荣．中小企业网络联保贷款优势的一种理论解释［J］．武汉金融，2011（8）：20－22，27.

［46］黎日荣．交易成本视角下的网络联保贷款优势分析［J］．甘肃金融，2011（7）：38－41.

［47］林江鹏，石涛，吴少新，汤力．信用认知、信用制度和借贷行为——对温州等三地450个中小企业的实证分析［J］．财贸经济，2013（2）：49－58.

［48］林毅夫，李永军．中小金融机构发展与中小企业融资［J］．经济研究，2001，1（10）：10－18.

［49］刘凤委，李琳，薛云奎．信任、交易成本与商业信用模式［J］．经济研究，2009（8）：60－72.

［50］刘浩，李灏，金娟．不对称的声誉机制与独立董事市场需

求——来自中国A股ST公司的经验证据［J］. 财经研究，2014，40（4）.

［51］刘宏，吴屏，朱一鸣. 线上供应链金融信用风险研究——基于解释结构模型［J］. 财会月刊，2015（8）：22.

［52］刘惠萍，张世英. 基于声誉理论的我国经理人动态激励模型研究［J］. 中国管理科学，2005，13（4）：78-86.

［53］刘林艳，宋华. 供应链金融的研究框架及其发展［J］. 金融教育研究，2011，24（2）：14-21.

［54］刘星. 互联网金融模式对传统银行经营的影响研究［D］. 山东财经大学，2015.

［55］刘颖. 关于中小企业融资问题的探讨［J］. 武汉大学学报：哲学社会科学版，2003，56（3）：319-324.

［56］卢馨，汪柳希，杨宜. 互联网金融与小微企业融资成本研究［J］. 管理现代化，2014（5）：7-9.

［57］陆倩倩. 我国自然人之间网络借贷法律问题探析［D］. 苏州大学，2013.

［58］鲁政委. 小微企业融资难的症结是信息不对称［J］. 中国金融，2012（9）：90-92.

［59］鲁瑾. 信用评分—网络信用决策流程的关键环节［J］. 经济与管理，2003（4）：56-57.

［60］罗必良. 信誉的形成机理及其制度性作用［J］. 经济理论与经济管理，2002（10）：18-22.

［61］吕士伟. 大银行，小企业与网络联保［J］. 金融发展研究，2009（9）：24-27.

［62］马本江. 市场交易中信用机制理论研究与设计［D］. 广州中山大学，2007.

［63］马本江. 经济学中信任，信用与信誉的概念界定与区分初探——兼论信任问题与信用问题的一致性［J］. 生产力研究，2008（12）.

[64] 马翘楚. 我国商业银行开展国内保理业务的法律探讨 [J]. 东方企业文化, 2010 (2): 032.

[65] 潘天芹, 范昱娟. 中小企业网络联保比较优势研究——基于内生性互助联保模式创新 [J]. 浙江金融, 2010 (6): 41-42.

[66] 潘永明, 梁媛, 王丽平. 中国中小企业融资路径创新 [J]. 云南社会科学, 2012 (1): 94-98.

[67] 潘永明, 仝云丽. 基于担保机制的网络联保融资模式创新 [J]. 财经理论与实践, 2014 (3): 2-7.

[68] 潘勇, 乔晓东. 逆向选择与中国电子商务市场声誉机制的本土性研究——以淘宝网为例 [J]. 现代商贸评论, 2013 (1): 13-18.

[69] 彭博. 基于大数据时代网络融资的风险研究 [J]. 改革与战略, 2015 (2): 81-83.

[70] 秦朗, 周敏. 基于行业电子商务平台合作的商业银行中小企业融资服务浅析 [J]. 电子商务, 2012 (2): 46-47.

[71] 仇晓光. 论新型网络小额信贷的风险及法律监管 [J]. 中国社会科学院研究生院学报, 2013 (4): 73-77.

[72] 沈亚青, 基于 B2C 电子商务的供应链融资模式探析, 经济师, 2014 (2).

[73] 史金召, 郭菊娥, 晏文隽. 在线供应链金融中银行与 B2B 平台的激励契约研究 [J]. 管理科学, 2015, 28 (5): 79-92.

[74] 石琴. 中小企业融资: 现状分析与模式构建 [J]. 财经理论与实践, 2004, 25 (2): 116-120.

[75] 时旭辉. 民营企业的融资困境及其对策 [J]. 经济管理, 2004 (7): 22-25.

[76] 寿志钢, 杨立华, 霍信昌. 网络派生信任及其治理效果——以商业银行的中小企业贷款为例 [J]. 珞珈管理评论, 2011 (2).

[77] 孙晓珺. 我国网络借贷平台信用评估初探——一个金融功能的视角 [D], 浙江工商大学, 2015.

[78] 田菁, 宋玉田. 线上供应链金融操作风险管理研究 [J]. 天津商业大学学报, 2015, 35 (2): 26-29.

[79] 谭文柱, 陈光. 联合贷款担保: 解决小企业融资难的新途径: 以意大利小企业联合担保贷款的形成和发展为例 [J]. 天府新论, 2003 (2): 28-31.

[80] 陶军. 我国中小银行贷款集中的羊群行为分析 [J]. 当代经济科学, 2006, 28 (2): 116-117.

[81] 田江, 温璐. 供应链纵向联贷联保融资模式与策略研究 [J]. 合肥工业大学学报: 社会科学版, 2015, 29 (3): 36-42.

[82] 王菲. 中小企业的信贷融资困境——基于商业银行的行为金融学视角 [J]. 市场论.

[83] 王会娟, 廖理. 中国 P2P 网络借贷平台信用认证机制研究——来自"人人贷"的经验证据 [J]. 中国工业经济, 2014 (4): 136-147.

[84] 王利锋. 银企信息不对称下网络联保贷款发展分析 [J]. 金融经济, 2009 (5B): 41-42.

[85] 王李. 互联网金融时代"银行小贷"与"电商小贷"模式对比研究——基于小微企业, 个体工商户融资需求满足性的视角 [J]. 社会科学战线, 2015 (7): 64-68.

[86] 王敏. 基于第三方电子商务的中小企业网络融资探讨 [J]. 中国证券期货, 2012 (4): 242-243.

[87] 王鹏飞. 民间借贷信用体系的构建分析——以地方金融改革为视角 [J]. 西南科技大学学报: 哲学社会科学版, 2012, 29 (6): 27-32.

[88] 王珊君, 孙宝文, 李永焱. 基于动态博弈的网络联保贷款模式发展策略研究 [J]. 商业研究, 2015 (9): 78-82.

[89] 王赛芳. 我国电子商务融资产品及运行模式探析 [J]. 对外经贸实务, 2012 (9): 33-36.

[90] 王馨. 互联网金融助解小微企业融资困境—基于"长尾理论"分析 [J]. 征信, 2014 (3): 5-7.

[91] 王晓兰. 新融资政策下小微企业的融资问题研究 [J]. 中国校外教育, 2014 (12).

[92] 王晓燕. 电子商务平台信用融资模式研究 [D]. 西南财经大学, 2013.

[93] 吴俊英. 中小微企业网络融资模式实验——以"阿里小贷"为例 [J]. 经济问题, 2014 (1): 43-48.

[94] 王怡. 网络借贷平台的法律问题探讨 [J]. 经营管理者, 2015 (4): 241.

[95] 吴樯, 张弘. 基于B2B电子商务平台的网商融资服务研究 [J]. 中国商贸, 2011 (12X): 110-111.

[96] 吴义爽. 关联博弈, 机会主义治理与中小企业融资的制度创新——基于"网络联保"信贷模式的案例研究 [J]. 经济学家, 2009 (5): 82-86.

[97] 吴晓光. 浅谈商业银行网络融资业务的风险控制 [J]. 新金融, 2011, 2011 (7): 27-30.

[98] 吴晓灵. 普惠金融的根基 [J]. 中国金融, 2015 (19): 31-33.

[99] 夏泰凤. 基于中小企业融资视角的供应链金融研究 [D]. 浙江大学, 2011.

[100] 肖娟. 小额贷款公司创新及未来发展趋势展望 [J]. 中国农业会计, 2015 (1): 50-52.

[101] 肖兰华, 金雪军. 抵押品缺失与农村中小企业信贷融资的逆向选择 [J]. 财贸经济, 2010 (8): 19-25.

[102] 谢奉君. 电子商务平台对中小企业融资的信用担保机制

分析 [J]. 经济体制改革, 2015 (5): 174 - 179.

[103] 谢平, 邹传伟. 互联网金融模式研究 [J]. 金融研究, 2012, 12 (11).

[104] 谢清河. 网络联保联贷业务发展之思考——基于中小企业信贷融资角度的分析 [J]. 财会月刊, 2011 (2): 35 - 36.

[105] 谢世清, 何彬. 国际供应链金融三种典型模式分析 [J]. 经济理论与经济管理, 2013 (4): 80 - 85.

[106] 谢世清, 李四光. 中小企业联保贷款的信誉博弈分析 [J]. 经济研究, 2011 (1): 97 - 111.

[107] 谢识予. 经济博弈论 [M]. 上海: 复旦大学出版社, 2007.4.

[108] 谢悦英. 中小企业信用体系的利益主体行为演化博弈研究 [D]. 南京工业大学, 2013.

[109] 徐细雄, 林丁健. 基于互联网金融的小微企业融资模式创新研究 [J]. 经济体制改革, 2014 (6): 144 - 148.

[110] 徐晓萍, 张顺晨, 敬静. 关系型借贷与社会信用体系的构建——基于小微企业演化博弈的视角 [J]. 财经研究, 2014 (12): 39 - 50.

[111] 薛钰显, 田慧竹. 担保机构发展中的问题及对策建议 [J]. 河北学刊, 2013, 33 (1): 224 - 226.

[112] 晏妮娜, 孙宝文. 面向小微企业的互联网金融模式创新与决策优化 [J]. 科技进步与对策, 2014, 31 (7): 74 - 78.

[113] 杨帆. 我国网络金融发展的对策研究 [J]. 经济视野, 2013 (18).

[114] 杨居正, 信誉、信息与管制 —基于网上交易数据的实证研究 [D], 北京大学, 2008.

[115] 叶斌. Bank To Business 网络融资模式——中小企业融资模式新探索. 北京邮电大学学报 (社会科学版), 2011, 13 (5):

54－59.

［116］叶恒洁．网络联保贷款模式研究［J］．中国商贸，2009（5）：58.

［117］易雪辉，周宗放．基于供应链金融的银行贷款价值比研究［J］．中国管理科学，2012，20（1）：102－108.

［118］殷红．网络交易中的私人秩序——声誉，可执行契约与信用评价体系［J］．华东师范大学学报：哲学社会科学版，2013（1）.

［119］郁俊莉．中小企业信用资本形成机制及对融资支持的研究［J］．中南财经政法大学学报，2009（5）：122－126.

［120］虞小波．民间借贷信用风险的实证研究及其与商业信贷、FICO 的比较［D］．中国科学技术大学，2009.

［121］张彬彬，陈茵．网络银行开辟中小企业融资新出路［J］．对外经贸，2012（9）：55－57.

［122］张贯一，达庆利，刘向前．信任问题研究综述［J］．经济学动态，2005（1）：99－102.

［123］张琅，胡海青，张道宏．应收账款质押融资模式的演化博弈分析［J］．中国流通经济，2013，27（6）：121－126.

［124］张丽亚．网络联保贷款的运行机理与法理学分析［J］．法制与社会，2011（3）：105－106.

［125］张连起，刘建，郭婷．基于电子商务平台的小微企业融资模式［J］．中国流通经济，2014，28（8）：49－54.

［126］张维迎．博弈论与信息经济学［M］．上海：上海人民出版社.

［127］张伟斌，刘可．供应链金融发展能降低中小企业融资约束吗？［J］．经济科学，2012（3）：108－118.

［128］张宗新．融资缺口：小企业融资功能缺陷的一种解释［J］．社会科学，2000（8）：6－10.

[129] 张三峰，卜茂亮，杨德才．信用评级能缓解农户正规金融信贷配给吗？——基于全国10省农户借贷数据的经验研究［J］．经济科学，2013（2）：81－93.

[130] 张强，张宝．金融危机背景下我国信用评级机构声誉机制研究［J］．经济经纬，2010（1）：150－154.

[131] 张肖飞，郭锦源，张摄．小微企业网络融资模式研究——以阿里巴巴小额贷款为例［J］．南方金融，2015（2）：33－42，57.

[132] 曾江洪，刘欣．基于社会资本视角的中小企业网络联保信贷模式研究［J］．首都经济贸易大学学报，2011（4）：60－65.

[133] 赵岩青，何广文．声誉机制，信任机制与小额信贷［J］．金融论坛，2008（1）：33－40.

[134] 赵岳，谭之博．电子商务、银行信贷与中小企业融资——一个基于信息经济学的理论模型［J］．经济研究，2012（7）：99－112.

[135] 周林彬，龙强，冯曦．私人治理，法律规则与金融发展——基于供应链金融合同治理的案例研究［J］．南方经济，2013（4）：75－84.

[136] 朱樑．中国工商银行应对互联网金融挑战策略研究［D］．厦门大学，2014.

[137] 朱艳敏．基于信用评分模型的小微企业贷款的可获得性研究［D］．苏州大学，2014.

[138] Aleem I. Imperfect Information，Screening，and the Costs of Informal Lending：A Study of a Rural Credit Market in Pakistan.［J］. World Bank Economic Review，1990，4（4）：329－49.

[139] Allen F，Qian J，Qian M. Law，finance，and economic growth in China［J］. Journal of financial economics，2005，77（1）：57－116.

[140] Baltensperger E. Credit rationing：issues and questions［J］. Journal of Money，Credit and Banking，1978，10（2）：170－183.

[141] Bastelaer T V, Leathers H. Trust in Lending: Social Capital and Joint Liability Seed Loans in Southern Zambia [J]. World Development, 2006, 34 (10): 1788 -1807.

[142] Berger A N, Udell G F. A more complete conceptual framework for SME finance [J]. Journal of Banking & Finance, 2006, 30 (11): 2945 -2966.

[143] Berger A N, Udell G F. Relationship lending and lines of credit in small firm finance [J]. Journal of business, 1995: 351 -381.

[144] Berger A N, Udell G F. Small business credit availability and relationship lending: The importance of bank organisational structure [J]. The economic journal, 2002, 112 (477): F32 - F53.

[145] Besley T, Coate S. Group lending, repayment incentives and social collateral [J]. Journal of development economics, 1995, 46 (1): 1 -18.

[146] Bhole B, Ogden S. Group lending and individual lending with strategic default [J]. Journal of Development Economics, 2010, 91 (2): 348 -363.

[147] Bradford W D, Chen C. Creating Government Financing Programs for Small and Medium Sized Enterprises in China: Theory and Practice [J]. China & World Economy, 2004 (2): 50 -65.

[148] David P. Baron. Private Ordering on the Internet: The EBay Community of Traders [J]. Business & Politics, 2002, 4 (3): 245 -274.

[149] Dellarocas C. The Digitization of Word of Mouth: Promise and Challenges of Online Feedback Mechanisms [J]. Management Science, 2003, 49 (10): 1407 -1424.

[150] De Mel S, McKenzie D, Woodruff C returns to capital in microenterprises: evidence from a field experiment [J]. The Quarterly Journal of Economics, 2008: 1329 -1372.

[151] De Quidt J, Fetzer T R, Ghatak M. Market structure and borrower welfare in microfinance [J]. Available at SSRN 2540048, 2013.

[152] De Janvry A, McIntosh C, Sadoulet E. Fair Trade and free entry: Generating benefits in a disequilibrium market [J]. Unpublished Mimeo, 2010.

[153] De la Torre A, Pería M S M, Schmukler S L. Bank involvement with SMEs: Beyond relationship lending [J]. Journal of Banking & Finance, 2010, 34 (9): 2280 - 2293.

[154] DeYoung R, Glennon D, Nigro P. Borrower - lender distance, credit scoring, and loan performance: Evidence from informational - opaque small business borrowers [J]. Journal of Financial Intermediation, 2008, 17 (1): 113 - 143.

[155] DM Kreps, P Milgrom, J Roberts, R Wilson. Rational Cooperation in the Finitely Repeated Pisoner's Dilemma [J]. Journal of Economic Theory, 1982, 27 (2): 245 - 252.

[156] Dowla A. In credit we trust: Building social capital by Grameen Bank in Bangladesh [J]. Journal of Socio - Economics, 2006, 35 (1): 102 - 122.

[157] Feigenberg B, Field E, Pande R. The economic returns to social interaction: Experimental evidence from microfinance [J]. The Review of Economic Studies, 2013, 80 (4): 1459 - 1483.

[158] Ghatak M, Guinnane T W. The economics of lending with joint liability: theory and practice [J]. Journal of development economics, 1999, 60 (1): 195 - 228.

[159] Gangopadhyay S, Ghatak M, Lensink R. Joint Liability Lending and the Peer Selection Effect [J]. The Economic Journal, 2005, 115 (506): 1005 - 1015.

[160] Giné X, Karlan D S. Group versus individual liability: Short

and long term evidence from Philippine microcredit lending groups [J]. Journal of Development Economics, 2014 (107): 65 - 83.

[161] Guerrisi J. Making Money Move Faster. (electronic bill payments) [J]. Supply Chain Management Review, 2001 (January).

[162] Hofmann E. Supply chain finance: some conceptual insights. In Lasch, R. /Janker, C. G. (Hrsg.): Logistik management - innovation Logistikkonzepte, Wiesbaden 2005: 203 - 214.

[163] Hodgman D R. The deposit relationship and commercial bank investment behavior [J]. The Review of Economics and Statistics, 1961: 257 - 268.

[164] Humle Michael K, Collette Wright B. A. Internet Based Social Lending - Past, Present and Future [C]. social futures observatory, 2006.

[165] Kraemer - Eis H, Lang F. The importance of leasing for SME finance [J]. EIF research & market analysis working paper 2012, 15.

[166] Laffont, Jean - Jacques. "Collusion and group lending with adverse selection." Journal of Development Economics 70. 2 (2003): 329 - 348.

[167] Le N T B, Nguyen T V. The Impact of Networking on Bank Financing: The Case of Small and Medium - Sized Enterprises in Vietnam [J]. Entrepreneurship Theory and Practice, 2009, 33 (4): 867 - 887.

[168] Lee M K O, Turban E. A Trust Model for Consumer Internet Shopping [J]. International Journal of Electronic Commerce, 2001, 6 (1): 75 - 91.

[169] Li L. Reputation, Trust, and Rebates: How Online Auction Markets Can Improve Their Feedback Mechanisms [J]. Ssrn Electronic Journal, 2010, 19 (2): 303 - 331.

[170] Lucking - Reiley D, Reeves D. PENNIES FROM EBAY: THE DETERMINANTS OF PRICE IN ONLINE AUCTIONS - super - *

[J]. Journal of Industrial Economics, 2007, 55 (2): 223 – 233.

[171] Merton R C, Bodie Z. Deposit insurance reform: a functional approach [C] //Carnegie – Rochester Conference Series on Public Policy. North – Holland, 1993 (38): 1 – 34.

[172] Mcdonald C G, Slawson V C. Reputation in an Internet auction market. [J]. Economic Inquiry, 2002, 40 (4): 633 – 650.

[173] Melnik M I, James A. Does a Seller's eCommerce Reputation Matter? Evidence from eBay Auctions [J]. Journal of Industrial Economics, 2002, 50 (3): 337 – 49.

[174] Norunn Haugen. The informal credit market: A study of default and informal lending in Nepal, University of Bergen, Feb 2005.

[175] Prelipcean G, Boscoianu M, Moisescu F. Optimal investment strategies for SMEs in the aftermath of the global crises [C] //Proceedings of the 4th WSEAS International Conference on Business Administration (ICBA'10), University of Cambridge, England. 2010: 34 – 39.

[176] Pfohl H C, Gomm M. Supply Chain Finance— Optimizing Financial Flows in Supply Chains [J]. Logistics Research, 2009, 1 (3 – 4): 149 – 161.

[177] Richard Gamble, Longer Chains, LowerCosts [J], Treasury & risk Mangament, 2004, 14 (6): 40 – 46;

[178] Ranjeet Ranade, Menakshi Rajeev and Sarmistha Deb, Why do poor farmers default less? : Case of Indian informal credit market, MPRA Paper No. 768 mpra. ub. uni – muenchen. de/768/, Nov, 2006.

[179] Rocholl J, Niggemann T. Pension Funding and Capital Market Development [J]. Ssrn Electronic Journal, 2010.

[180] Rai, Ashok S. , and Tomas Sjöström. "Is Grameen lending efficient? Repayment incentives and insurance in village economies. " The Review of Economic Studies 71. 1 (2004): 217 – 234.

[181] Routledge B R. Adaptive learning in financial markets [J]. Review of Financial Studies, 1999, 12 (5): 1165 - 1202.

[182] Stiglitz, Joseph E. "Peer monitoring and credit markets." The world bank economic review 4. 3 (1990): 351 - 366.

[183] Stiglitz J E, Weiss A. Credit rationing in markets with imperfect information, Part II: Constraints as incentive devices [J]. Research Memorandum, 1980 (268).

[184] Sapienza P. The effects of banking mergers on loan contracts [J]. The Journal of finance, 2002, 57 (1): 329 - 367.

[185] Sadlovska V, Enslow B. New Strategies for Finanzial Supply Chain Optimization: Rethinking Financial Practices with Your Suppliers to Maximize Bottom Line Performance [M]. Aberdeen Group, 2006.

[186] Schreiner M. Informal Finance and the Design of Microfinance [J]. Abstracts in Anthropology, 2001, 11 (5): 637 - 640.

[187] Todd T. Milbourn. CEO Reputation and Stock - Based Compensation [J]. Journal of Financial Economics, 2003, 68 (2): 233 - 262.

[188] Tversky A, Kahneman D. Advances in prospect theory: Cumulative representation of uncertainty [J]. Journal of Risk and uncertainty, 1992, 5 (4).

[189] Warren H., Financial Flows &Supply Chain Efficiency [R], www. corporate. Visa. com, 2004.

[190] Williams J L, Bylsma M S. Federal Preemption and Federal Banking Agency Responses to Predatory Lending [J]. Bus. Law., 2003 (59): 1193.

[191] Wydick B. Can social cohesion be harnessed to repair market failures? Evidence from group lending in Guatemala [J]. The Economic Journal, 1999, 109 (457): 463 - 475.

[192] Yunus M. Statement and hearing before the US committee or international relations, house of representatives, One hundred fourth Congress [J]. First Session, June 27, 1995: US Government printing office, Washington DC, 1995.